(唐)杜甫 著

辽宁人民出版社

目录

诗选

望岳三首 // 01
登兖州城楼 // 02
乐游园歌 // 02
同诸公登慈恩寺塔 // 03
醉时歌 // 03
饮中八仙歌 // 04
兵车行 // 05
贫交行 // 05
丽人行 // 06
曲江三章,章五句 // 06
秋雨叹三首 // 07
天育骠骑歌 // 08
自京赴奉先县咏怀五百字 // 08
前出塞九首 // 09
后出塞五首 // 12
对雪 // 14

春望 // 14

一百五日夜对月 // 14

喜达行在所三首 // 14

述怀 // 15

羌村三首 // 16

北征 // 17

夏日叹 // 18

夏夜叹 // 19

新安吏 // 19

石壕吏 // 20

潼关吏 // 21

新婚别 // 21

垂老别 // 22

无家别 // 23

遣兴 // 24

秦州杂诗二十首 // 24

狂夫 // 29

野老 // 29

茅屋为秋风所破歌 // 30

楠树为风雨所拔叹 // 30

忆昔二首 // 31

太子张舍人遗织成褥段 // 32

壮游 // 32

宿昔 // 34

驱竖子摘苍耳 // 34

昔游 // 35

往在 // 35

南征 // 37

小寒食舟中作 // 37

风疾舟中伏枕书怀三十六韵奉呈湖南亲友 // 37

文选

封西岳赋(并序) // 39

雕赋 // 41

诗选

望岳三首

其一

岱宗夫如何？齐鲁青未了。
造化钟神秀，阴阳割昏晓。
荡胸生曾云，决眦入归鸟。
会当凌绝顶，一览众山小。

其二

西岳崚嶒竦处尊，诸峰罗立似儿孙。
安得仙人九节杖，拄到玉女洗头盆。
车箱入谷无归路，箭栝通天有一门。
稍待秋风凉冷后，高寻白帝问真源。

其三

南岳配朱鸟，秩礼自百王。
欻吸领地灵，鸿洞半炎方。
邦家用祀典，在德非馨香。
巡守何寂寥，有虞今则亡。

泊吾隘世网，行迈越潇湘。
渴日绝壁出，漾舟清光旁。
祝融五峰尊，峰峰次低昂。
紫盖独不朝，争长嶸相望。
恭闻魏夫人，群仙夹翱翔。
有时五峰气，散风如飞霜。
牵迫限修途，未暇杖崇冈。
归来觊命驾，沐浴休玉堂。
三叹问府主，曷以赞我皇。
牲璧忍衰俗，神其思降祥。

登兖州城楼

东郡趋庭日，南楼纵目初。
浮云连海岱，平野入青徐。
孤嶂秦碑在，荒城鲁殿余。
从来多古意，临眺独踌躇。

乐游园歌

乐游古园崒森爽，烟绵碧草萋萋长。
公子华筵势最高，秦川对酒平如掌。
长生木瓢示真率，更调鞍马狂欢赏。
青春波浪芙蓉园，白日雷霆夹城仗。
阊阖晴开昳荡荡，曲江翠幕排银榜。

拂水低徊舞袖翻,缘云清切歌声上。
却忆年年人醉时,只今未醉已先悲。
数茎白发那抛得,百罚深杯亦不辞。
圣朝亦知贱士丑,一物自荷皇天慈。
此身饮罢无归处,独立苍茫自咏诗。

同诸公登慈恩寺塔

高标跨苍穹,烈风无时休。
自非旷士怀,登兹翻百忧。
方知象教力,足可追冥搜。
仰穿龙蛇窟,始出枝撑幽。
七星在北户,河汉声西流。
羲和鞭白日,少昊行清秋。
秦山忽破碎,泾渭不可求。
俯视但一气,焉能辨皇州。
回首叫虞舜,苍梧云正愁。
惜哉瑶池饮,日晏昆仑丘。
黄鹄去不息,哀鸣何所投。
君看随阳雁,各有稻粱谋。

醉时歌

诸公衮衮登台省,广文先生官独冷。
甲第纷纷厌粱肉,广文先生饭不足。

先生有道出羲皇，先生有才过屈宋。
德尊一代常坎坷，名垂万古知何用。
杜陵野客人更嗤，被褐短窄鬓如丝。
日籴太仓五升米，时赴郑老同襟期。
得钱即相觅，沽酒不复疑。
忘形到尔汝，痛饮真吾师！
清夜沉沉动春酌，灯前细雨檐花落。
但觉高歌有鬼神，焉知饿死填沟壑！
相如逸才亲涤器，子云识字终投阁。
先生早赋归去来，石田茅屋荒苍苔！
儒术于我何有哉？孔丘盗跖俱尘埃！
不须闻此意惨怆，生前相遇且衔杯。

饮中八仙歌

知章骑马似乘船，眼花落井水底眠。
汝阳三斗始朝天，道逢曲车口流涎，恨不移封向酒泉。
左相日兴费万钱，饮如长鲸吸百川，衔杯乐圣称世贤。
宗之潇洒美少年，举觞白眼望青天，皎如玉树临风前。
苏晋长斋绣佛前，醉中往往爱逃禅。
李白一斗诗百篇，长安市上酒家眠。天子呼来不上船，自称臣是酒中仙。
张旭三杯草圣传，脱帽露顶王公前，挥毫落纸如云烟。
焦遂五斗方卓然，高谈雄辩惊四筵。

兵车行

车辚辚,马萧萧,行人弓箭各在腰。
爷娘妻子走相送,尘埃不见咸阳桥。
牵衣顿足拦道哭,哭声直上干云霄。
道旁过者问行人,行人但云点行频。
或从十五北防河,便至四十西营田。
去时里正与裹头,归来头白还戍边。
边庭流血成海水,武皇开边意未已。
君不闻汉家山东二百州,千村万落生荆杞。
纵有健妇把锄犁,禾生陇亩无东西。
况复秦兵耐苦战,被驱不异犬与鸡。
　　长者虽有问,役夫敢申恨?
　　且如今年冬,未休关西卒。
　　县官急索租,租税从何出?
　　信知生男恶,反是生女好。
生女犹得嫁比邻,生男埋没随百草。
君不见青海头,古来白骨无人收。
新鬼烦冤旧鬼哭,天阴雨湿声啾啾!

贫交行

翻手为云覆手雨,
纷纷轻薄何须数?

君不见管鲍贫时交,

此道今人弃如土。

丽人行

三月三日天气新,长安水边多丽人。

态浓意远淑且真,肌理细腻骨肉匀。

绣罗衣裳照暮春,蹙金孔雀银麒麟。

头上何所有?翠微㔿叶垂鬓唇。

背后何所见?珠压腰衱稳称身。

就中云幕椒房亲,赐名大国虢与秦。

紫驼之峰出翠釜,水精之盘行素鳞。

犀箸厌饫久未下,鸾刀缕切空纷纶。

黄门飞鞚不动尘,御厨络绎送八珍。

箫鼓哀吟感鬼神,宾从杂遝实要津。

后来鞍马何逡巡,当轩下马入锦茵。

杨花雪落覆白𬞟,青鸟飞去衔红巾。

炙手可热势绝伦,慎莫近前丞相嗔!

曲江三章,章五句
其一

曲江萧条秋气高,菱荷枯折随风涛,游子空嗟垂二毛。

白石素沙亦相荡,哀鸿独叫求其曹。

其二

即事非今亦非古，长歌激越捎林莽，比屋豪华固难数。

吾人甘作心似灰，弟侄何伤泪如雨？

其三

自断此生休问天，杜曲幸有桑麻田，故将移往南山边。

短衣匹马随李广，看射猛虎终残年。

秋雨叹三首

其一

雨中百草秋烂死，阶下决明颜色鲜。

著叶满枝翠羽盖，开花无数黄金钱。

凉风萧萧吹汝急，恐汝后时难独立。

堂上书生空白头，临风三嗅馨香泣。

其二

阑风长雨秋纷纷，四海八荒同一云。

去马来牛不复辨，浊泾清渭何当分？

禾头生耳黍穗黑，农夫田妇无消息。

城中斗米换衾裯，相许宁论两相值？

其三

长安布衣谁比数，反锁衡门守环堵。

老夫不出长蓬蒿，稚子无忧走风雨。

雨声飕飕催早寒,胡雁翅湿高飞难。
秋来未曾见白日,泥污后土何时干?

天育骠骑歌

吾闻天子之马走千里,今之画图无乃是!
是何意态雄且杰,骏尾萧梢朔风起。
毛为绿缥两耳黄,眼有紫焰双瞳方。
矫矫龙性合变化,卓立天骨森开张。
伊昔太仆张景顺,监牧攻驹阅清峻。
遂令大奴守天育,别养骥子怜神俊。
当时四十万匹马,张公叹其材尽下。
故独写真传世人,见之座右久更新。
年多物化空形影,呜呼健步无由骋。
如今岂无騕褭与骅骝?时无王良伯乐死即休。

自京赴奉先县咏怀五百字

杜陵有布衣,老大意转拙。许身一何愚,窃比稷与契。
居然成濩落,白首甘契阔。盖棺事则已,此志常觊豁。
穷年忧黎元,叹息肠内热。取笑同学翁,浩歌弥激烈。
非无江海志,潇洒送日月。生逢尧舜君,不忍便永诀。
当今廊庙具,构厦岂云缺。葵藿倾太阳,物性固莫夺。
顾唯蝼蚁辈,但自求其穴。胡为慕大鲸,辄拟偃溟渤。
以兹误生理,独耻事干谒。兀兀遂至今,忍为尘埃没。

终愧巢与由,未能易其节。沉饮聊自遣,放歌破愁绝。
岁暮百草零,疾风高冈裂。天衢阴峥嵘,客子中夜发。
霜严衣带断,指直不得结。凌晨过骊山,御榻在嵽嵲。
蚩尤塞寒空,蹴踏崖谷滑。瑶池气郁律,羽林相摩戛。
君臣留欢娱,乐动殷樛嶱。赐浴皆长缨,与宴非短褐。
彤庭所分帛,本自寒女出。鞭挞其夫家,聚敛贡城阙。
圣人筐篚恩,实欲邦国活。臣如忽至理,君岂弃此物。
多士盈朝廷,仁者宜战栗。况闻内金盘,尽在卫霍室。
中堂舞神仙,烟雾散玉质。煖客貂鼠裘,悲管逐清瑟。
劝客驼蹄羹,霜橙压香橘。朱门酒肉臭,路有冻死骨。
荣枯咫尺异,惆怅难再述。北辕就泾渭,官渡又改辙。
群冰从西下,极目高崒兀。疑是崆峒来,恐触天柱折。
河梁幸未坼,枝撑声窸窣。行旅相攀缘,川广不可越。
老妻寄异县,十口隔风雪。谁能久不顾,庶往共饥渴。
入门闻号咷,幼子饥已卒。吾宁舍一哀,里巷亦呜咽。
所愧为人父,无食致夭折。岂知秋禾登,贫窭有仓卒。
生常免租税,名不隶征伐。抚迹犹酸辛,平人固骚屑。
默思失业徒,因念远戍卒。忧端齐终南,澒洞不可掇。

前出塞九首

其一

戚戚去故里,悠悠赴交河。
公家有程期,亡命婴祸罗。

君已富土境,开边一何多。
弃绝父母恩,吞声行负戈。

其二
出门日已远,不受徒旅欺。
骨肉恩岂断,男儿死无时。
走马脱辔头,手中挑青丝。
捷下万仞冈,俯身试搴旗。

其三
磨刀呜咽水,水赤刃伤手。
欲轻肠断声,心绪乱已久。
丈夫誓许国,愤惋复何有!
功名图麒麟,战骨当速朽。

其四
送徒既有长,远戍亦有身。
生死向前去,不劳吏怒嗔。
路逢相识人,附书与六亲。
哀哉两决绝,不复同苦辛。

其五
迢迢万余里,领我赴三军。
军中异苦乐,主将宁尽闻。

隔河见胡骑,倏忽数百群。
我始为奴仆,几时树功勋。

其六
挽弓当挽强,用箭当用长。
射人先射马,擒贼先擒王。
杀人亦有限,列国自有疆。
苟能制侵陵,岂在多杀伤!

其七
驱马天雨雪,军行入高山。
径危抱寒石,指落层冰间。
已去汉月远,何时筑城还?
浮云暮南征,可望不可攀。

其八
单于寇我垒,百里风尘昏。
雄剑四五动,彼军为我奔。
掳其名王归,系颈授辕门。
潜身备行列,一胜何足论。

其九
从军十年余,能无分寸功。
众人贵苟得,欲语羞雷同。

中原有斗争,况在狄与戎。
丈夫四方志,安可辞固穷。

后出塞五首
其一
男儿生世间,及壮当封侯。
战伐有功业,焉能守旧丘。
召募赴蓟门,军动不可留。
千金装马鞭,百金装刀头。
闾里送我行,亲戚拥道周。
斑白居上列,酒酣进庶羞。
少年别有赠,含笑看吴钩。

其二
朝进东门营,暮上河阳桥。
落日照大旗,马鸣风萧萧。
平沙列万幕,部伍各见招。
中天悬明月,令严夜寂寥。
悲笳数声动,壮士惨不骄。
借问大将谁?恐是霍嫖姚。

其三
古人重守边,今人重高勋。

岂知英雄主，出师亘长云。
六合已一家，四夷且孤军。
遂使貔虎士，奋身勇所闻。
拔剑击大荒，日收胡马群。
誓开玄冥北，持以奉吾君。

其四
献凯日继踵，两蕃静无虞。
渔阳豪侠地，击鼓吹笙竽。
云帆转辽海，粳稻来东吴。
越罗与楚练，照耀舆台躯。
主将位益崇，气骄凌上都。
边人不敢议，议者死路衢。

其五
我本良家子，出师亦多门。
将骄益愁思，身贵不足论。
跃马二十年，恐辜明主恩。
坐见幽州骑，长驱河洛昏。
中夜间道归，故里但空村。
恶名幸脱免，穷老无儿孙。

对雪

战哭多新鬼,愁吟独老翁。
乱云低薄暮,急雪舞回风。
瓢弃樽无绿,炉存火似红。
数州消息断,愁坐正书空。

春望

国破山河在,城春草木深。
感时花溅泪,恨别鸟惊心。
烽火连三月,家书抵万金。
白头搔更短,浑欲不胜簪。

一百五日夜对月

无家对寒食,有泪如金波。
斫却月中桂,清光应更多。
仳离放红蕊,想象颦青蛾。
牛女漫愁思,秋期犹渡河。

喜达行在所三首

其一

西忆岐阳信,无人遂却回。
眼穿当落日,心死著寒灰。

雾树行相引，连山望忽开。
所亲惊老瘦，辛苦贼中来。

其二

愁思胡笳夕，凄凉汉苑春。
生还今日事，间道暂时人。
司隶章初睹，南阳气已新。
喜心翻倒极，呜咽泪沾巾。

其三

死去凭谁报？归来始自怜。
犹瞻太白雪，喜遇武功天。
影静千官里，心苏七校前。
今朝汉社稷，新数中兴年。

述怀

去年潼关破，妻子隔绝久。今夏草木长，脱身得西走。
麻鞋见天子，衣袖露两肘。朝廷愍生还，亲故伤老丑。
涕泪受拾遗，流离主恩厚。柴门虽得去，未忍即开口。
寄书问三川，不知家在否。比闻同罹祸，杀戮到鸡狗。
山中漏茅屋，谁复依户牖？摧颓苍松根，地冷骨未朽。
几人全性命？尽室岂相偶？嵚岑猛虎场，郁结回我首。
自寄一封书，今已十月后。反畏消息来，寸心亦何有？
汉运初中兴，生平老耽酒。沉思欢会处，恐作穷独叟。

羌村三首

其一

峥嵘赤云西,日脚下平地。
柴门鸟雀噪,归客千里至。
妻孥怪我在,惊定还拭泪。
世乱遭飘荡,生还偶然遂!
邻人满墙头,感叹亦嘘唏。
夜阑更秉烛,相对如梦寐。

其二

晚岁迫偷生,还家少欢趣。
娇儿不离膝,畏我复却去。
忆昔好追凉,故绕池边树。
萧萧北风劲,抚事煎百虑。
赖知禾黍收,已觉糟床注。
如今足斟酌,且用慰迟暮。

其三

群鸡正乱叫,客至鸡斗争。
驱鸡上树木,始闻叩柴荆。
父老四五人,问我久远行。
手中各有携,倾榼浊复清。

苦辞酒味薄，黍地无人耕。
兵戈既未息，儿童尽东征。
请为父老歌，艰难愧深情。
歌罢仰天叹，四座泪纵横。

北征

皇帝二载秋，闰八月初吉。杜子将北征，苍茫问家室。
维时遭艰虞，朝野少暇日。顾惭恩私被，诏许归蓬荜。
拜辞诣阙下，怵惕久未出。虽乏谏诤姿，恐君有遗失。
君诚中兴主，经纬固密勿。东胡反未已，臣甫愤所切。
挥涕恋行在，道途犹恍惚。乾坤含疮痍，忧虞何时毕？
靡靡逾阡陌，人烟眇萧瑟。所遇多被伤，呻吟更流血。
回首凤翔县，旌旗晚明灭。前登寒山重，屡得饮马窟。
邠郊入地底，泾水中荡潏。猛虎立我前，苍崖吼时裂。
菊垂今秋花，石载古车辙。青云动高兴，幽事亦可悦。
山果多琐细，罗生杂橡栗。或红如丹砂，或黑如点漆。
雨露之所濡，甘苦齐结实。缅思桃源内，益叹身世拙。
坡陀望鄜畤，岩谷互出没。我行已水滨，我仆犹木末。
鸱鸟鸣黄桑，野鼠拱乱穴。夜深经战场，寒月照白骨。
潼关百万师，往者散何卒。遂令半秦民，残害为异物。
况我堕胡尘，及归尽华发。经年至茅屋，妻子衣百结。
恸哭松声回，悲泉共幽咽。平生所娇儿，颜色白胜雪。
见爷背面啼，垢腻脚不袜。床前两小女，补绽才过膝。
海图坼波涛，旧绣移曲折。天吴及紫凤，颠倒在裋褐。

老夫情怀恶，呕泄卧数日。那无囊中帛，救汝寒凛栗。
粉黛亦解包，衾裯稍罗列。瘦妻面复光，痴女头自栉。
学母无不为，晓妆随手抹。移时施朱铅，狼藉画眉阔。
生还对童稚，似欲忘饥渴。问事竞挽须，谁能即嗔喝。
翻思在贼愁，甘受杂乱聒。新归且慰意，生理焉能说。
至尊尚蒙尘，几日休练卒。仰观天色改，坐觉妖氛豁。
阴风西北来，惨澹随回纥。其王愿助顺，其俗善驰突。
送兵五千人，驱马一万匹。此辈少为贵，四方服勇决。
所用皆鹰腾，破敌过箭疾。圣心颇虚伫，时议气欲夺。
伊洛指掌收，西京不足拔。官军请深入，蓄锐何俱发。
此举开青徐，旋瞻略恒碣。昊天积霜露，正气有肃杀。
祸转亡胡岁，势成擒胡月。胡命其能久，皇纲未宜绝。
忆昨狼狈初，事与古先别。奸臣竟菹醢，同恶随荡析。
不闻夏殷衰，中自诛褒妲。周汉获再兴，宣光果明哲。
桓桓陈将军，仗钺奋忠烈。微尔人尽非，于今国犹活。
凄凉大同殿，寂寞白兽闼。都人望翠华，佳气向金阙。
园陵固有神，扫洒数不缺。煌煌太宗业，树立甚宏达。

夏日叹

夏日出东北，陵天经中街。
朱光彻厚地，郁蒸何由开。
上苍久无雷，无乃号令乖。
雨降不濡物，良田起黄埃。
飞鸟苦热死，池鱼涸其泥。

万人尚流冗，举目唯蒿莱。
至今大河北，化作虎与豺。
浩荡想幽蓟，王师安在哉。
对食不能餐，我心殊未谐。
眇然贞观初，难与数子偕。

夏夜叹

永日不可暮，炎蒸毒我肠。
安得万里风，飘摇吹我裳。
昊天出华月，茂林延疏光。
仲夏苦夜短，开轩纳微凉。
虚明见纤毫，羽虫亦飞扬。
物情无巨细，自适固其常。
念彼荷戈士，穷年守边疆。
何由一洗濯，执热互相望。
竟夕击刁斗，喧声连万方。
青紫虽被体，不如早还乡。
北城悲笳发，鹳鹤号且翔。
况复烦促倦，激烈思时康。

新安吏

客行新安道，喧呼闻点兵。
借问新安吏："县小更无丁？"

"府帖昨夜下,次选中男行。"
"中男绝短小,何以守王城?"
肥男有母送,瘦男独伶俜。
白水暮东流,青山犹哭声。
"莫自使眼枯,收汝泪纵横。
眼枯即见骨,天地终无情!
我军取相州,日夕望其平。
岂意贼难料,归军星散营。
就粮近故垒,练卒依旧京。
掘壕不到水,牧马役亦轻。
况乃王师顺,抚养甚分明。
送行勿泣血,仆射如父兄。"

石壕吏

暮投石壕村,有吏夜捉人。
老翁逾墙走,老妇出门看。
吏呼一何怒,妇啼一何苦。
听妇前致词,三男邺城戍。
一男附书至,二男新战死。
存者且偷生,死者长已矣。
室中更无人,唯有乳下孙。
有孙母未去,出入无完裙。
老妪力虽衰,请从吏夜归。

急应河阳役,犹得备晨炊。
夜久语声绝,如闻泣幽咽。
天明登前途,独与老翁别。

潼关吏

士卒何草草,筑城潼关道。
大城铁不如,小城万丈余。
借问潼关吏,修关还备胡。
要我下马行,为我指山隅。
连云列战格,飞鸟不能逾。
胡来但自守,岂复忧西都。
丈人视要处,窄狭容单车。
艰难奋长戟,万古用一夫。
哀哉桃林战,百万化为鱼。
请嘱防关将,慎勿学哥舒。

新婚别

兔丝附蓬麻,引蔓故不长。
嫁女与征夫,不如弃路旁。
结发为君妻,席不暖君床。
暮婚晨告别,无乃太匆忙。
君行虽不远,守边赴河阳。

妾身未分明,何以拜姑嫜?
父母养我时,日夜令我藏。
生女有所归,鸡狗亦得将。
君今往死地,沉痛迫中肠。
誓欲随君去,形势反苍黄。
勿为新婚念,努力事戎行。
妇人在军中,兵气恐不扬。
自嗟贫家女,久致罗襦裳。
罗襦不复施,对君洗红妆。
仰视百鸟飞,大小必双翔。
人事多错迕,与君永相望!

垂老别

四郊未宁静,垂老不得安。
子孙阵亡尽,焉用身独完!
投杖出门去,同行为辛酸。
幸有牙齿存,所悲骨髓干。
男儿既介胄,长揖别上官。
老妻卧路啼,岁暮衣裳单。
孰知是死别,且复伤其寒!
此去必不归,还闻劝加餐。
土门壁甚坚,杏园度亦难。
势异邺城下,纵死时犹宽。

人生有离合,岂择衰盛端?
忆昔少壮日,迟回竟长叹。
万国尽征戍,烽火被冈峦。
积尸草木腥,流血川原丹。
何乡为乐土,安敢尚盘桓?
弃绝蓬室居,塌然摧肺肝!

无家别

寂寞天宝后,园庐但蒿藜。
我里百余家,世乱各东西。
存者无消息,死者为尘泥。
贱子因阵败,归来寻旧蹊。
久行见空巷,日瘦气惨凄。
但对狐与狸,竖毛怒我啼。
四邻何所有,一二老寡妻。
宿鸟恋本枝,安辞且穷栖。
方春独荷锄,日暮还灌畦。
县吏知我至,召令习鼓鞞。
虽从本州役,内顾无所携。
近行止一身,远去终转迷。
家乡既荡尽,远近理亦齐。
永痛长病母,五年委沟溪,
生我不得力,终身两酸嘶。

人生无家别,何以为蒸黎。

遣兴

骥子好男儿,前年学语时。
问知人客姓,诵得老夫诗。
世乱怜渠小,家贫仰母慈。
鹿门携不遂,雁足系难期。
天地军麾满,山河战角悲。
傥归免相失,见日敢辞迟。

秦州杂诗二十首
其一

满目悲生事,因人作远游。
迟回度陇怯,浩荡及关愁。
水落鱼龙夜,山空鸟鼠秋。
西征问烽火,心折此淹留。

其二

秦州山北寺,胜迹隗嚣宫。
苔藓山门古,丹青野殿空。
月明垂叶露,云逐渡溪风。
清渭无情极,愁时独向东。

其三

州图领同谷,驿道出流沙。
降虏兼千帐,居人有万家。
马骄朱汗落,胡舞白蹄斜。
年少临洮子,西来亦自夸。

其四

鼓角缘边郡,川原欲夜时。
秋听殷地发,风散入云悲。
抱叶寒蝉静,归来独鸟迟。
万方声一概,吾道竟何之。

其五

南使宜天马,由来万匹强。
浮云连阵没,秋草遍山长。
闻说真龙种,仍残老骕骦。
哀鸣思战斗,迥立向苍苍。

其六

城上胡笳奏,山边汉节归。
防河赴沧海,奉诏发金微。
士苦形骸黑,旌疏鸟兽稀。
那闻往来戍,恨解邺城围。

其七

莽莽万重山,孤城山谷间。
无风云出塞,不夜月临关。
属国归何晚,楼兰斩未还。
烟尘独长望,衰飒正摧颜。

其八

闻道寻源使,从天此路回。
牵牛去几许,宛马至今来。
一望幽燕隔,何时郡国开。
东征健儿尽,羌笛暮吹哀。

其九

今日明人眼,临池好驿亭。
丛篁低地碧,高柳半天青。
稠叠多幽事,喧呼阅使星。
老夫如有此,不异在郊坰。

其十

云气接昆仑,涔涔塞雨繁。
羌童看渭水,使客向河源。
烟火军中幕,牛羊岭上村。
所居秋草净,正闭小蓬门。

其十一

萧萧古塞冷,漠漠秋云低。
黄鹄翅垂雨,苍鹰饥啄泥。
蓟门谁自北,汉将独征西。
不意书生耳,临衰厌鼓鼙。

其十二

山头南郭寺,水号北流泉。
老树空庭得,清渠一邑传。
秋花危石底,晚景卧钟边。
俯仰悲身世,溪风为飒然。

其十三

传道东柯谷,深藏数十家。
对门藤盖瓦,映竹水穿沙。
瘦地翻宜粟,阳坡可种瓜。
船人近相报,但恐失桃花。

其十四

万古仇池穴,潜通小有天。
神鱼人不见,福地语真传。
近接西南境,长怀十九泉。
何时一茅屋,送老白云边。

其十五

未暇泛沧海,悠悠兵马间。
塞门风落木,客舍雨连山。
阮籍行多兴,庞公隐不还。
东柯遂疏懒,休镊鬓毛斑。

其十六

东柯好崖谷,不与众峰群。
落日邀双鸟,晴天养片云。
野人矜险绝,水竹会平分。
采药吾将老,儿童未遣闻。

其十七

边秋阴易久,不复辨晨光。
檐雨乱淋幔,山云低度墙。
鸂鶒窥浅井,蚯蚓上深堂。
车马何萧索,门前百草长。

其十八

地僻秋将尽,山高客未归。
塞云多断续,边日少光辉。
警急烽常报,传闻檄屡飞。
西戎外甥国,何得迕天威。

其十九

凤林戈未息,鱼海路常难。
候火云烽峻,悬军幕井干。
风连西极动,月过北庭寒。
故老思飞将,何时议筑坛。

其二十

唐尧真自圣,野老复何知。
晒药能无妇,应门幸有儿。
藏书闻禹穴,读记忆仇池。
为报鸳行旧,鹓鹴在一枝。

狂夫

万里桥西一草堂,百花潭水即沧浪。
风含翠篠娟娟净,雨裛红蕖冉冉香。
厚禄故人书断绝,恒饥稚子色凄凉。
欲填沟壑唯疏放,自笑狂夫老更狂。

野老

野老篱前江岸回,柴门不正逐江开。
渔人网集澄潭下,贾客船随返照来。
长路关心悲剑阁,片云何意傍琴台。
王师未报收东郡,城阙秋生画角哀。

茅屋为秋风所破歌

八月秋高风怒号，卷我屋上三重茅。

茅飞渡江洒江郊，高者挂罥长林梢，下者飘转沉塘坳。

南村群童欺我老无力，忍能对面为盗贼。

公然抱茅入竹去，唇焦口燥呼不得，归来倚杖自叹息。

俄顷风定云墨色，秋天漠漠向昏黑。

布衾多年冷似铁，娇儿恶卧踏里裂。

床头屋漏无干处，雨脚如麻未断绝。

自经丧乱少睡眠，长夜沾湿何由彻。

安得广厦千万间，大庇天下寒士俱欢颜，风雨不动安如山。

呜呼！何时眼前突兀见此屋，吾庐独破受冻死亦足。

楠树为风雨所拔叹

倚江楠树草堂前，故老相传二百年。

诛茅卜居总为此，五月仿佛闻寒蝉。

东南飘风动地至，江翻石走流云气。

干排雷雨犹力争，根断泉源岂天意。

沧波老树性所爱，浦上童童一青盖。

野客频留惧雪霜，行人不过听竽籁。

虎倒龙颠委榛棘，泪痕血点垂胸臆。

我有新诗何处吟，草堂自此无颜色。

忆昔二首

其一

忆昔先皇巡朔方,千乘万骑入咸阳。
阴山骄子汗血马,长驱东胡胡走藏。
邺城反覆不足怪,关中小儿坏纪纲,张后不乐上为忙。
至今今上犹拨乱,劳身焦思补四方。
我昔近侍叨奉引,出兵整肃不可当。
为留猛士守未央,致使岐雍防西羌。
犬戎直来坐御林,百官跣足随天王。
愿见北地傅介子,老儒不用尚书郎。

其二

忆昔开元全盛日,小邑犹藏万家室。
稻米流脂粟米白,公私仓廪俱丰实。
九州道路无豺虎,远行不劳吉日出。
齐纨鲁缟车班班,男耕女桑不相失。
宫中圣人奏云门,天下朋友皆胶漆。
百余年间未灾变,叔孙礼乐萧何律。
岂闻一绢值万钱,有田种谷今流血。
洛阳宫殿烧焚尽,宗庙新除狐兔穴。
伤心不忍问耆旧,复恐初从乱离说。
小臣鲁钝无所能,朝廷记识蒙禄秩。
周宣中兴望我皇,洒泪江汉身衰疾。

太子张舍人遗织成褥段

客从西北来,遗我翠织成。
开缄风涛涌,中有掉尾鲸。
逶迤罗水族,琐细不足名。
客云充君褥,承君终宴荣。
空堂魑魅走,高枕形神清。
领客珍重意,顾我非公卿。
留之惧不祥,施之混柴荆。
服饰定尊卑,大哉万古程。
今我一贱老,裋褐更无营。
煌煌珠宫物,寝处祸所婴。
叹息当路子,干戈尚纵横。
掌握有权柄,衣马自肥轻。
李鼎死岐阳,实以骄贵盈。
来瑱赐自尽,气豪直阻兵。
皆闻黄金多,坐见悔吝生。
奈何田舍翁,受此厚贶情。
锦鲸卷还客,始觉心和平。
振我粗席尘,愧客茹藜羹。

壮游

往昔十四五,出游翰墨场。斯文崔魏徒,以我似班扬。

七龄思即壮，开口咏凤凰。九龄书大字，有作成一囊。
性豪业嗜酒，嫉恶怀刚肠。脱略小时辈，结交皆老苍。
饮酣视八极，俗物都茫茫。东下姑苏台，已具浮海航。
到今有遗恨，不得穷扶桑。王谢风流远，阖庐丘墓荒。
剑池石壁仄，长洲芰荷香。嵯峨阊门北，清庙映回塘。
每趋吴太伯，抚事泪浪浪。蒸鱼闻匕首，除道哂要章。
枕戈忆勾践，渡浙想秦皇。越女天下白，鉴湖五月凉。
剡溪蕴秀异，欲罢不能忘。归帆拂天姥，中岁贡旧乡。
气劘屈贾垒，目短曹刘墙。忤下考功第，独辞京尹堂。
放荡齐赵间，裘马颇清狂。春歌丛台上，冬猎青丘旁。
呼鹰皂枥林，逐兽云雪冈。射飞曾纵鞚，引臂落鹙鸧。
苏侯据鞍喜，忽如携葛强。快意八九年，西归到咸阳。
许与必词伯，赏游实贤王。曳裾置醴地，奏赋入明光。
天子废食召，群公会轩裳。脱身无所爱，痛饮信行藏。
黑貂不免敝，斑鬓兀称觞。杜曲晚耆旧，四郊多白杨。
坐深乡党敬，日觉死生忙。朱门任倾夺，赤族迭罹殃。
国马竭粟豆，官鸡输稻粱。举隅见烦费，引古惜兴亡。
河朔风尘起，岷山行幸长。两宫各警跸，万里遥相望。
崆峒杀气黑，少海旌旗黄。禹功亦命子，涿鹿亲戎行。
翠华拥英岳，螭虎啖豺狼。爪牙一不中，胡兵更陆梁。
大军载草草，凋瘵满膏肓。备员窃补衮，忧愤心飞扬。
上感九庙焚，下悯万民疮。斯时伏青蒲，廷争守御床。
君辱敢爱死，赫怒幸无伤。圣哲体仁恕，宇县复小康。
哭庙灰烬中，鼻酸朝未央。小臣议论绝，老病客殊方。

郁郁苦不展,羽翩困低昂。秋风动哀壑,碧蕙捐微芳。
之推避赏从,渔父濯沧浪。荣华敌勋业,岁暮有严霜。
吾观鸱夷子,才格出寻常。群凶逆未定,侧伫英俊翔。

宿昔

宿昔青门里,蓬莱仗数移。
花娇迎杂树,龙喜出平池。
落日留王母,微风倚少儿。
宫中行乐秘,少有外人知。

驱竖子摘苍耳

江上秋已分,林中瘴犹剧。
畦丁告劳苦,无以供日夕。
蓬莠独不焦,野蔬暗泉石。
卷耳况疗风,童儿且时摘。
侵晨驱之去,烂熳任远适。
放筐亭午际,洗剥相蒙幂。
登床半生熟,下箸还小益。
加点瓜薤间,依稀橘奴迹。
乱世诛求急,黎民糠籺窄。
饱食复何心,荒哉膏粱客。
富家厨肉臭,战地骸骨白。
寄语恶少年,黄金且休掷。

昔游

昔者与高李,晚登单父台。
寒芜际碣石,万里风云来。
桑柘叶如雨,飞藿去裴回。
清霜大泽冻,禽兽有余哀。
是时仓廪实,洞达寰区开。
猛士思灭胡,将帅望三台。
君王无所惜,驾驭英雄材。
幽燕盛用武,供给亦劳哉。
吴门转粟帛,泛海陵蓬莱。
肉食三十万,猎射起黄埃。
隔河忆长眺,青岁已摧颓。
不及少年日,无复故人杯。
赋诗独流涕,乱世想贤才。
有能市骏骨,莫恨少龙媒。
商山议得失,蜀主脱嫌猜。
吕尚封国邑,傅说已盐梅。
景晏楚山深,水鹤去低回。
庞公任本性,携子卧苍苔。

往在

往在西京日,胡来满彤宫。

中宵焚九庙，云汉为之红。
解瓦飞十里，缋帷纷曾空。
疚心惜木主，一一灰悲风。
合昏排铁骑，清旭散锦幪。
贼臣表逆节，相贺以成功。
是时妃嫔戮，连为粪土丛。
当宁陷玉座，白间剥画虫。
不知二圣处，私泣百岁翁。
车驾既云还，榱桷欻穹崇。
故老复涕泗，祠官树椅桐。
宏壮不如初，已见帝力雄。
前春礼郊庙，祀事亲圣躬。
微躯忝近臣，景从陪群公。
登阶捧玉册，峨冕耿金钟。
侍祠恧先露，掖垣迩濯龙。
天子唯孝孙，五云起九重。
镜奁换粉黛，翠羽犹葱胧。
前者厌羯胡，后来遭犬戎。
俎豆腐膻肉，罘罳行角弓。
安得自西极，申命空山东。
尽驱诣阙下，士庶塞关中。
主将晓逆顺，元元归始终。
一朝自罪己，万里车书通。
锋镝供锄犁，征戍听所从。
冗官各复业，土著还力农。

君臣节俭足，朝野欢呼同。
中兴似国初，继体如太宗。
端拱纳谏诤，和风日冲融。
赤墀樱桃枝，隐映银丝笼。
千春荐陵寝，永永垂无穷。
京都不再火，泾渭开愁容。
归号故松柏，老去苦飘蓬。

南征

春岸桃花水，云帆枫树林。
偷生长避地，适远更沾襟。
老病南征日，君恩北望心。
百年歌自苦，未见有知音。

小寒食舟中作

佳辰强饮食犹寒，隐几萧条戴鹖冠。
春水船如天上坐，老年花似雾中看。
娟娟戏蝶过闲幔，片片轻鸥下急湍。
云白山青万余里，愁看直北是长安。

风疾舟中伏枕书怀三十六韵奉呈湖南亲友

轩辕休制律，虞舜罢弹琴。尚错雄鸣管，犹伤半死心。

圣贤名古邈，羁旅病年侵。舟泊常依震，湖平早见参。
如闻马融笛，若倚仲宣襟。故国悲寒望，群云惨岁阴。
水乡霾白屋，枫岸叠青岑。郁郁冬炎瘴，蒙蒙雨滞淫。
鼓迎非祭鬼，弹落似鸮禽。兴尽才无闷，愁来遽不禁。
生涯相汩没，时物自萧森。疑惑樽中弩，淹留冠上簪。
牵裾惊魏帝，投阁为刘歆。狂走终奚适，微才谢所钦。
吾安藜不糁，汝贵玉为琛。乌几重重缚，鹑衣寸寸针。
哀伤同庾信，述作异陈琳。十暑岷山葛，三霜楚户砧。
叨陪锦帐座，久放白头吟。反朴时难遇，忘机陆易沉。
应过数粒食，得近四知金。春草封归恨，源花费独寻。
转蓬忧悄悄，行药病涔涔。瘗夭追潘岳，持危觅邓林。
蹉跎翻学步，感激在知音。却假苏张舌，高夸周宋镡。
纳流迷浩汗，峻址得嵚崟。城府开清旭，松筠起碧浔。
披颜争倩倩，逸足竞骎骎。朗鉴存愚直，皇天实照临。
公孙仍恃险，侯景未生擒。书信中原阔，干戈北斗深。
畏人千里井，问俗九州箴。战血流依旧，军声动至今。
葛洪尸定解，许靖力还任。家事丹砂诀，无成涕作霖。

文选

封西岳赋（并序）

上既封泰山之后，三十年间，车辙马迹，至于太原，还于长安。时或谒太庙，祭南郊，每岁孟冬，巡幸温泉而已。圣主以为王者之礼，告厥成功，止于岱宗可矣。故不肯到崆峒，访具茨，驱八骏于昆仑，亲射蛟于江水，始为天子之能事壮观焉尔。况行在供给萧然，烦费或至，作歌有惭于从官，诛求坐杀于长吏，甚非主上执玄祖醇醲之道，端拱御苍生之意。大哉圣哲，垂万代则，盖上古之君，皆用此也。然臣甫愚，窃以古者疆场有常处，赞见有常仪，则备乎玉帛，而财不匮乏矣；动乎车舆，而人不愁痛矣。虽东岱五岳之长，足以勒崇垂鸿，与山石无极，伊太华最为难上，至于封禅之事，独轩辕氏得之。夫七十二君，罕能兼之矣。其余或蹶踣风雨，碑版祠庙，终么么不足追数。今圣主功格轩辕氏，业纂七十君，风雨所及，日月所照，莫不砥砺。华近甸也，其可恶乎？比岁鸿生巨儒之徒，诵古史、引时义云：国家土德，与黄帝合；主上本命，与金天合。而守阙者亦百数，天子寝不报，盖谦如也。顷或诏厥郡国，扫除曾颠，虽翠盖可薄乎苍穹，而银字未藏于金气。臣甫诚薄劣，不胜区区吟咏之极，故作《封西岳赋》以劝。赋之义，豫述上将展礼焚柴者，实觊圣意因有感焉。为其词曰：

维时孟冬，百工乃休，上将陟西岳；览八荒，御白帝之都，见金天之王。既刊石乎岱宗，又合符乎轩皇。兹事体大，越不可载已。先是礼官草具其仪，各有典司；俯叶吉日，钦若神只。而千乘万骑，已蠖略怡似，屈矫陆离，唯君所之。

然后拭翠凤之驾，开日月之旗；撞鸿钟，发雷韬。辨格泽之修竿，决河汉之淋漓；纩天狼之威弧，坠魍魉之霏霏。赤松前驱，彭祖后驰；方明夹毂，昌寓侍衣。山灵秉钺而踉跹，海若护跸而参差；风驭冉以纵绂，云螭缭而迟蜿。地轴轧轧，殷以下折；原隰草木，俨而东飞。岐梁闪倏，泾渭反复；而天府载万侯之玉，尚方具左纛黄屋，已焜煌于山足矣。乘舆尚鸣銮和，储精澹虑；华盖之大角低回，北斗之七星皆去。届苍山而信宿，屯绝壁之清曙。既臻夫阴宫，犀象硁兀，戈铤窸窣，飘飘萧萧，汹汹如也。

于是太一抱式，玄冥司直。天子乃宿祓斋，就登陴；骈素虬，超矧冯。天语秘而不可知，代欲闻而不可得。柴燎上达，神光充塞；泥金乎菡萏之南，刻石乎青冥之北。上意由是茫然，延降天老，与之相识；问太微之所居，稽上帝之遗则。飒弭节以徘徊，抚八纮而觑黑；忽风翻而景倒，澹殊状而异色；问若褰祛开帷，下辨宸极者。

久之，云气蓊以回复，山呼巢而未息。祀事孔明，有严有翼；神保是格，时万时亿。尔乃驻飞龙之秋秋，诏王属以中休；觐群后于高掌之下，张大乐于洪河之洲。芬树羽林，莽不可收；千人舞，万人讴。麒麟踆踆而在郊；凤凰蔚跋而来游，雷公伐鼓而挥汗，地只被震而悲愁。乐师拊石而具，发激越乎陬；群山为之相峡，万穴为之倒流，又不可得载已。

久而景移乐阕，上悠然垂思曰："嗟乎！余昔岁封泰山，禅梁父；以为王者成功，已纂终古。尝览前史，至于周穆、汉武；豫游寥阔，亦所不取。唯此西岳，作镇三辅，非无意乎？顷者犹恐百姓不足，人所疾苦；未暇痊斯玉帛，考乃钟鼓。"

是以视岳于诸侯，锡神以茅土。岂唯壮设险于甸服，报西成之农扈，亦所以感一念之精灵，答应时之风雨者矣？今兹冢宰庶尹，醇儒硕生佥曰："黄帝、颛顼，乘龙游乎四海，发轫匝乎六合。竹帛有云。得非古之圣君，而泰华最为难上，故封禅之事，郁没罕闻？以余在位，发祥隤祉者，焉可胜纪，而不得已，遂建翠华之旗，用塞云台之义。矧乎殊方奔走，万国皆至，玄元从助，清庙歔欷也。"

臣甫舞手蹈足曰："大哉烁乎！真天子之表，奉天为子者已。不然，何数千万载独继轩辕氏之美？彼七十二君又畴能臻此？盖知明主圣罔不克正，功罔不克成，放百灵，归华清。"

雕赋

当九秋之凄清，见一鹗之直上。以雄才为己任，横杀气而独往。梢梢劲翮，萧萧逸响。杳不可追，俊无留赏。彼何乡之性命，碎今日之指掌。伊鸷鸟之累百，敢同年而争长。此雕之大略也。

若乃虞人之所得也，必以气禀玄冥，阴乘甲子；河海荡潏，风云乱起；雪沍山阴，冰缠树死。迷向背于八极，绝飞走于万里。朝无以充肠，夕违其所止；颇愁呼而蹭蹬，信求食而依倚。用此时而椓杙，待弋者而纲纪；表狎羽而潜窥，顺雄姿之所拟。欻捷来于森木，固先系于利觜；解腾攫而竦神，开网罗而有喜。献禽之课，数备而已。

及乎闟隶受之也，则择其清质，列在周垣；挥拘挛之挚曳，挫豪梗之飞翻。识畋游之所使，登马上而孤骞。然后缀以珠饰，呈于至尊。抟风枪累，用壮旌门。乘舆或幸别馆、猎平原，寒芜空阔，霜仗喧繁。观其夹翠华而上下，卷毛血之崩奔；随意气而电落，引尘沙而昼昏。豁堵墙之荣观，弃功效而不论。斯亦足重也。

至如千年孽狐，三窟狡兔；恃古冢之荆棘，饱荒城之霜露。回惑我往来，趑趄我场圃。虽青骹载角，白鼻如瓠；蹙奔蹄而俯临，飞迅翼而遝寓。而料全于果，见迫宁遽；屡揽之而颖脱，便有若于神助。是以哓哮其音，飒爽其虑；续下韝而缭绕，尚投迹而容与。奋威逐北，施巧无据；方蹉跎而就擒，亦造次而难去。一奇卒获，百胜昭著。凤昔多端，萧条何处。斯又足称也。

尔其鸽鸹凫鹇之伦，莫益于物，空生此身。联拳拾穗，长大如人。肉多奚有，味乃不珍。轻鹰隼而自若，托鸿鹄而为邻。彼壮夫之慷慨，假强敌而逡巡。拉先鸣之异者，及将起而遄臻。忽隔天路，终辞水滨。宁掩群而尽取，且快意而惊新。此又一时之俊也。

夫其降精于金，立骨如铁；目通于脑，筋入于节。架轩楹之上，纯漆光芒；掣梁栋之间，寒风凛冽。虽趾跻千变，林岭万穴；击丛薄之不开，突权丫而皆折，此又有触邪之义也。久而服勤，是可吁畏。必使乌攫之党，罢钞盗而潜飞，枭怪之群，想英灵而遽坠。岂比乎虚陈其力，叨窃其位，等摩天而自安，与抢榆而无事者矣？

故其不见用也。则晨飞绝壑，暮起长汀；来虽自负，去若无形。置巢巉嵼，养子青冥。倏尔年岁，茫然阙庭。莫试钩爪，空回斗星。众雏傥割鲜于金殿，此鸟已将老于岩扃。

凉月满天 著

裘马清狂
踏九州

杜甫传

辽宁人民出版社

ⓒ 凉月满天　2020

图书在版编目（CIP）数据

杜甫传：裘马清狂踏九州 / 凉月满天著.— 沈阳：辽宁人民出版社，2020.12
ISBN 978-7-205-09980-0

Ⅰ.①杜… Ⅱ.①凉… Ⅲ.①杜甫(712-770)—传记 Ⅳ.①K825.6

中国版本图书馆CIP数据核字（2020）第199311号

出版发行：辽宁人民出版社
　　　　　地址：沈阳市和平区十一纬路25号　邮编：110003
　　　　　电话：024-23284321（邮　购）　024-23284324（发行部）
　　　　　传真：024-23284191（发行部）　024-23284304（办公室）
　　　　　http://www.lnpph.com.cn
印　　刷：辽宁星海彩色印刷有限公司
幅面尺寸：145mm×210mm
印　　张：9.25
字　　数：275千字
出版时间：2020年12月第1版
印刷时间：2020年12月第1次印刷
责任编辑：高　丹
封面设计：白砚川
责任校对：冯　莹
书　　号：ISBN 978-7-205-09980-0
定　　价：48.00元

目 录

第一章 裘马清狂
第一节　官十三代 // 003
第二节　海棠虽好不吟诗 // 007
第三节　长在洛阳 // 010
第四节　壮游去也 // 013
第五节　又壮游去也 // 018

第二章 诗仙和诗圣
第一节　首阳山下 // 025
第二节　一生一世一双人 // 028
第三节　所历厌机巧 // 033
第四节　超豪华诗人观光团 // 038
第五节　拜李邕 // 043
第六节　花落鸟飞不相见 // 047

第三章　乞食长安

第一节　长安，长安 // 055

第二节　野无遗贤 // 060

第三节　时代瞎了 // 064

第四节　一包银子 // 068

第五节　三大赋 // 071

第六节　命如线，国事乱 // 075

第四章　蹉跎岁月

第一节　兵车行 // 083

第二节　前出塞 // 086

第三节　丽人行 // 090

第四节　多么痛的领悟 // 093

第五节　又没戏了 // 097

第六节　不当县尉 // 101

第七节　路倒尸，儿饿死 // 106

第五章　兵祸起兮

第一节　后出塞 // 115

第二节　逃逃逃 // 119

第三节　哀王孙 // 124

第四节　哀江头 // 127

第五节　左拾遗冒死救忠臣 // 131

第六节　省亲 // 136

第六章　三吏三别

第一节　两京光复 // 145

第二节　一片花飞减却春 // 149

第三节　永别长安 // 153

第四节　任上苦热 // 155

第五节　白水暮东流，青山犹哭声 // 159

第六节　他成为诗圣，应该的 // 165

第七章　在路上

第一节　陇头流水，流离山下 // 173

第二节　囊中羞涩，无米下锅 // 177

第三节　留花门 // 180

第四节　凉风起天末，君子意如何 // 187

第五节　同谷七歌 // 192

第六节　成都路遥 // 199

第八章　浣花溪边

第一节　浣花溪畔建草堂 // 207

第二节　好雨知时节，当春乃发生 // 211

第三节　花径不曾缘客扫 // 214

第四节　安得广厦千万间 // 218

第五节　入梓州 // 221

第六节　杜甫疯了 // 226

第七节　昔如纵壑鱼，今如丧家狗 // 229

第九章　飘飘何所似

第一节　焚烧何太频 // 235

第二节　重回草堂 // 238

第三节　天地一沙鸥 // 241

第四节　从云安到夔州 // 247

第五节　百年多病独登台 // 253

第十章　断魂

第一节　病鹘孤飞俗眼丑 // 261

第二节　一样的孤独 // 265

第三节　落花时节又逢君 // 269

第四节　断炊 // 272

第五节　魂断湘江 // 275

结　语　三朝之事，诗圣一生 // 279
附　录　杜甫大事记 // 283

第一章 裘马清狂

第一节
官十三代

先天元年（712），唐玄宗李隆基登基。

在河南巩县笔架山下的瑶湾村里，诞生了一个小小子。

——杜甫，杜子美。

杜甫一出生就是官十三代。

这是从西晋杜预开始论的。

其实杜甫的祖先可追溯至尧帝。作为尧帝的直系后人，杜氏一族在周朝时被周成王封于杜城。汉代时，杜城改名为京兆杜陵县，所以杜家自称为"京兆杜陵人氏"，杜甫也自称"京兆杜甫""杜陵野老"。

西汉有一个叫杜周的，很得汉武帝赏识，任御史中丞十余年。

杜周之子杜延年，是西汉麒麟阁十一功臣之一，与霍光同朝为官。霍光处理奏章时，每有疑惑，必咨之于杜延年。

杜延年是三国时期杜畿的祖上。杜畿的父亲于史无考，但是杜畿大大的有名。他是曹魏时期的重臣，在河东郡当了十六年太守，史书评价他的政绩"常为天下最"。

《三国志·杜恕传》的主角就是杜畿之子杜恕，他曾任赵国相，与司马懿是亲家。

杜恕之子杜预，为西晋时期著名的将领和学者。他参与了晋灭吴的战争，短短十天，连克几座城池，晋军中流传着"以计代战一当万"的歌谣。

杜预还懂法律、经济、天算、工程……因为他什么都懂，所以他有一个外号叫"杜武库"，意思是说，他胸中韬略如同武器库一般，应有尽有。《晋书·杜预传》中评价他：

> 公家之事，知无不为，凡所兴造，必考度始终，鲜有败事。

他也是明朝之前唯一一个同时进入文庙和武庙的人。司马昭执政期间，杜预被重用，和司马昭的妹妹高陆公主成亲，妥妥的皇亲国戚。

杜预之子杜耽，是晋凉州刺史。

杜耽之子杜顾，是晋西海太守。

杜顾之子杜逊，是东晋的魏兴太守，官三品。

杜逊之子杜灵启，于史无载。正值南朝时期，社会动荡，个人想留下点什么，难。

杜灵启之子杜乾光，做过齐司徒右长史。

杜乾光之子杜渐，做过梁边城太守。

杜渐之子杜叔毗，是南北朝时期梁国宜丰侯萧循府中直兵参军，相当于军事参谋；后又任北周硖州刺史。

杜叔毗之子杜鱼石，当过河内郡司公参军，后当了嘉县令，也是一把手。

杜鱼石之子杜依艺，当过监察御史，后任河内巩县县令。

学过中国古典文学的都知道杜依艺之子杜审言。杜审言是唐高宗咸亨年间的进士，官至修文馆直学士。唐中宗时，因与张易之兄弟交往，被流放峰州——在今越南境内。

杜审言是唐代"近体诗",也就是"格律诗"的奠基人之一。

诗原本在心苗上生发,或长或短,或韵或白,没有规格,如山野花烂漫,怎么开,在哪儿开,开几朵,全是自由发挥。

但是渐渐地,诗也走上了万事万物的老路,被形式化、格式化、套路化。就像女人被裹上小脚,套上华服,扮演装饰品。这就是格律诗。

不是说格律诗不好,而是说格律诗如被收进了后花园的鲜花,被园丁拿着大剪刀咔嚓咔嚓一通剪,再不能随心所欲地长。

格律诗讲求声韵格律,而且越讲求越严格,谁讲求得严格,谁就算有本事。

杜审言就是杜甫的祖父。

对祖父,杜甫是透过美颜滤镜看的,他觉得特自豪:"吾祖辈的诗词至尊也。"而且自觉"诗是吾家事"。这是他在儿子宗武过生日时,告诫儿子的话,意思是说,别人写诗是一个人的事,咱们家写诗,那是传统,是先祖传下来的使命。

大约也是因为此,杜甫一辈子执着作诗。因为声名及不上先祖,他的姿态始终放得低,甚至越活越自卑。

杜审言曾为苏味道手下的拟判,有一天他从衙门里出来,神神秘秘地对众人说:"味道必死!"

众人被吓了一跳,忙问怎么了。杜审言得意地笑了:"彼见吾判,且羞死。"

——他读了我拟的判书,知道我比他才高,还不羞死?

杜审言还说自己的文章,除了屈原、宋玉,其他人皆无资格品评。至于他的书法嘛,王羲之都得对他北面称臣。

杜审言临终前,有诗人来看他,他叹了口气说:"吾在,久压公等,今且死,固大慰……"

——我压了诸公一辈子,我死后,你们可以扬眉吐气了,好好乐吧!

杜甫特别崇拜他祖父,因为崇拜,所以模仿。在没有被生活抡圆了手臂狂扇耳光的时候,杜甫和他祖父差不多一个德行,口气特别大。

比如说想要"致君尧舜上,再使风俗淳",比如说不把屈原、贾谊、曹植、刘桢这些文学大家放在眼里,如此等等。

杜审言之子、杜甫之父杜闲,做过奉天县令,又做过正五品下朝议大夫与从五品下兖州司马——唐朝的司马基本上是个闲职,朝中大员被贬到地方,就会变成各地的司马。

但是,再怎么不如意,一般也不会被人找碴儿、穿小鞋,毕竟有复起的可能。所以杜闲是薪俸照拿,明面上的尊重照有,实际工作中被高高挂起。

自西汉、新朝(王莽篡汉)、东汉、三国、西晋、东晋十六国、南北朝、隋朝到唐朝,杜家几乎代代为官。

杜甫生来就有鸿鹄之志,这是血脉因袭。

他曾用一句话概括杜氏家风:

传之以仁义礼智信,列之以公侯伯子男。

口气虽大,但是写实。

第二节
海棠虽好不吟诗

在如此家族出生的孩子,光宗耀祖是天生的使命,也是枷锁和桎梏,一旦挣脱不开,很可能长成一个捧着族谱寸寸细数的糟老头子。

当然,这是后话。

如今,杜家人正沉浸在添了新丁的喜悦中,亲戚朋友、四邻八舍都送来礼物庆贺,一家人热热闹闹的,也没有心思去管朝堂上发生了什么事。

李隆基登了基,太平公主气得要死,该发兵发兵,该投毒投毒,誓要把她的侄子弄死。

李隆基也不是吃素的,干脆下诏赐死了太平公主。

——儒家思想被皇族一代代发扬光大,拼命推行忠、义、孝、悌,轮到自己头上时,却啪啪地打脸。

说起忠、义、孝、悌,李唐皇族奉行得不咋样,但杜甫家奉行得很彻底。

杜审言自恃才高,傲物轻世,被人嫉恨,屡遭贬谪。武后时期,他被贬为吉州司户参军,次子杜并随他赴任。

到了任上,杜审言又和同僚合不来。司户郭若讷在司马周季重面前陷害他,二人罗织罪名,让杜审言下了大狱,想着杀了他拉倒。

杜并悲痛欲绝,"盐酱俱断,形积于毁,口无所言"。

某天，周季重在府内大摆宴席，杜并偷偷潜入，趁其不备，抽出短匕朝周季重一顿猛刺。杜并也被府内官兵乱刀砍死。

周季重重伤不治，临死忏悔："审言有孝子，吾不知，若讷故误我。"

杜并天资聪慧，行事老成持重，又知书达理，好学上进，"日诵万言，尤精翰墨"。八岁时，他的母亲去世，他"不胜其哀，每号哭涕泪中有血"。

如此标准的读书种子，宁可站着死，绝不苟且活，谁说天下文人没骨头？

杜甫以他是杜并的侄子为荣。

杜甫是杜闲的原配博陵安平崔氏所生。

博陵安平崔氏是汉朝至隋唐时期北方的世家大族，博陵崔氏有六房位列"七姓十家"，其中博陵第二房最为显赫。唐初编修的《氏族志》原稿以第二房的崔民干为天下第一门户；中晚唐时，博陵崔氏依然被视为"天下士族之冠"；有唐一朝，崔氏出了十几个宰相。

纪王李慎是唐太宗李世民的第十个儿子，和越王李贞（唐太宗的第八个儿子）合称"纪越"，这对兄弟在民间的风评都不赖。武则天执政时，李贞起兵讨伐武后失败，李慎也遭株连，在流放途中死去；李慎的次子义阳王李琮也下了大狱。李琮的女儿嫁到了崔家，天天草鞋布衣，不事梳妆，徒步往来于洛阳街头，给父亲送衣送食，人赞"勤孝"。

李琮的两个儿子——行远、行芳也遭流放。六道史要杀行远，还是小孩的行芳本来可以免死，但他却抱着哥哥哭求能够替哥哥一死，最后两人共同赴死。当地人伤悼行芳，说他是"死悌"。

女儿"勤孝"，儿子"死悌"，以儒家标准来评断，李琮对子女的教育是壮烈而成功的。他的女儿就是杜甫的外祖母，行远和行芳则是杜甫母亲的舅舅。

杜甫母亲的姓名,史书上无载。

不过杜甫一生作诗将近三千首,眼中所见即笔下所得,从征战兵戎到四季变换,从花开花谢到人事相关,但无一诗提及海棠花。

这件事还被苏轼作诗时提过。

宴席上,一个歌伎向苏东坡求诗。苏东坡从未闻其芳名,但并不推托,立即吩咐研墨,提笔写下两句:

东坡四年黄州住,何事无言及李琪。

写完接着饮酒说话,让这两句开头孤零零、平淡无奇地晾在那里。李琪求他写完,东坡拿笔一挥而就:

却似西川杜工部,海棠虽好不吟诗。

《古今诗话》里是这样记载的:

杜子美母名海棠,子美讳之,故《杜集》中绝无海棠诗。

这就好解释了,和他诗里为避父讳,绝不用"闲"字,是一个道理。

杜甫还是一个嗷嗷待哺的小崽儿时,他的母亲就去世了。杜闲一个大男人,又要上班,又要带孩子,杜甫便被姑姑接到了自己家里。姑姑家住东都洛阳建春门内仁风里,是标准的城里人。

后来,杜闲又续娶卢氏,生下一个女儿和杜颖、杜观、杜丰、杜占四兄弟。

第三节
长在洛阳

杜甫差不多是在洛阳长大的。

外来客商看准了大唐这块巨大的利润蛋糕,所以在长安和东都洛阳,到处可见高鼻深目的胡商。他们努力地学习着大唐的语言,实在说不好的,就用比画的方式交流。

西域风情的音乐、舞蹈也流入大唐,和汉人的柔曼舞蹈、悠扬歌声一起出场。有《采莲曲》和《后庭花》的地方,就有胡旋舞和胡腾舞。

在唐人看来,胡人的舞蹈简直粗犷,但这并不妨碍他们看这些舞蹈时拍手叫好。胡人真是壮啊,跟头牛一样,尘土都能踢踏到半空中!

严冬时节,这些胡人甚至会精赤着身体,互泼冷水,以此展示自己彪悍的身躯和不惧严寒的勇力。

——浑脱舞就是从泼寒胡戏演变而来的。

逐渐地,就出现了一种剑器浑脱,即舞着剑跳浑脱舞。

跳得最好的,是公孙大娘。

草圣张旭看了她的舞姿,心有所感,草书有了大成;画圣吴道子看了她的舞姿,深受触动;诗圣杜甫看了她的舞姿,一首慷慨悲凉的《剑器行》得以流传。

看公孙大娘的剑器浑脱舞时,杜甫还是个小娃娃,姑姑带着他。

姑姑也生了一个儿子，两个孩儿一般大，就像一对双生子，她本来可以带着俩孩子一块儿玩的。

——大概这时，姑姑的儿子已经夭折了。

两个小娃娃都得了时疫，杜甫本就体弱，病势凶猛。姑姑有钱都尽着他花，有药也尽着他吃，要照顾也是先照顾他。

姑姑请女巫来卜算，女巫说东南角大吉，姑姑便把自己的儿子抱开，把小杜甫放了过去。

结果，杜甫活了下来，亲儿子没了。

姑姑哭得肝肠寸断。

抹抹眼泪，姑姑继续给杜甫当亲娘，教他识字，给他念祖父杜审言写的诗。

杜甫亲见公孙大娘舞剑，看得他嘴巴张得大大的，半天都合不上。回到家去，他情不自禁地拿着树枝戳戳点点，姑姑担心身子弱弱的他手脚不协调，戳伤了自己，赶紧哄他放下树枝，拿起书看。

五十年后，他仍旧记得公孙大娘的舞姿：

昔有佳人公孙氏，一舞剑器动四方。

七岁时，杜甫写下平生第一首诗，咏的是凤凰。

姑姑开心得很，父亲骄傲得很，人人都夸他像爷爷，是个小神童。

可惜这首诗没有流传下来。

九岁时，杜甫开始习写大字。杜审言自夸书法"当得王羲之北面"，杜闲的字写得也不错，宋人蔡居厚还收藏有杜闲的书法作品，夸他的字"简远精劲"。杜甫想，岂能不追随祖父、父亲的脚步？于是很用心地写大字。

杜甫晚年作《李潮八分小篆歌》：

苍颉鸟迹既茫昧，字体变化如浮云。
陈仓石鼓又已讹，大小二篆生八分。
秦有李斯汉蔡邕，中间作者寂不闻。
峄山之碑野火焚，枣木传刻肥失真。
苦县光和尚骨立，书贵瘦硬方通神。
…………

可见，杜甫的字走的应该是"瘦硬"风格，敲之可作铜磬声。

第四节
壮游去也

杜甫的身体越来越好,性格也越来越活泼。他到处乱跑,爬树打枣。杜甫流寓成都时曾写诗自曝这段"黑历史":

忆年十五心尚孩,健如黄犊走复来。
庭前八月梨枣熟,一日上树能千回。

他缺那几个枣子吃吗?
他就是想撒欢。

臭小子一边上树打枣,一边进入官场和文坛刷脸,这就是家世的好处:

往昔十四五,出游翰墨场。
斯文崔魏徒,以我似班扬。

崔指的是当时的郑州刺史崔尚,魏是豫州刺史魏启心。
这俩人夸他像汉朝文学家班固和扬雄。
若不逢战乱,家世不堕,杜甫比李白荣身显达的渠道通畅百倍。
但是命运如猫,能不能走直线,取决于家国这只耗子。

杜甫读了很多很多的书,他也要行很远很远的路。

万卷书里与万里路上,有衣薪禄米、锦带前程。

李白、高适……都在路上。

在杜甫上树打枣时,李白就已经出乡。

李白第一次到长安求仕不成、隐居嵩山时,杜甫也出乡壮游去也。

开元十八年(730),杜甫北渡黄河,到了郇瑕(山西猗氏)。

在这次短暂的出游过程中,杜甫结识了韦之晋和寇锡。

两人后来都做了官,韦之晋做到了刺史,寇锡做到了御史。韦之晋死后,杜甫还写过一首名为《哭韦大夫之晋》的诗:

> 凄怆郇瑕色,差池弱冠年。
> 丈人叨礼数,文律早周旋。

真正的漫游,是在第二年。

杜甫的叔叔杜登任武康县尉,武康即现在的浙江湖州;杜甫还有一个姑夫叫贺㧑,是常熟县尉,所以他第一次漫游是下江南。走水路,经淮阴、扬州,渡长江,抵江宁。

年轻的书生,瘦条条的身子,着长衫,穿行在柳烟云蔚的烟雨江南。

杜甫晚年作《壮游》诗,有一段回忆了他下江南的游踪:

> 东下姑苏台,已具浮海航。到今有遗恨,不得穷扶桑。
> 王谢风流远,阖庐丘墓荒。剑池石壁仄,长洲芰荷香。

嵯峨阊门北，清庙映回塘。每趋吴太伯，抚事泪浪浪。
蒸鱼闻匕首，除道哂要章。枕戈忆勾践，渡浙想秦皇。
越女天下白，鉴湖五月凉。剡溪蕴秀异，欲罢不能忘。

他到过姑苏的吴王阖闾墓，到过秦淮河边陆机的读书堂，到过朱雀桥边的乌衣巷，到过谢灵运住过的康乐坊，到过钟山的北高峰，到过虎丘山的剑池，到过十里红荷的长洲苑，到过庙影映池塘的太伯庙……

姜嫄是帝喾的妃子，踩了巨人的脚印而孕。孩子降生后，被姜嫄遗弃。可是，她把孩子丢在大路上，牛羊绕着孩子走；她将孩子丢到林子里，樵夫把孩子捡回来；她将孩子丢到寒冰上，鸟儿用翅膀为孩子取暖。姜嫄惊异，又把孩子抱回家，取名为"弃"。

弃长大后，着迷农事，尧聘之为农师，号为后稷。

后稷之后第十几代，生了古公亶父。古公亶父生了三个儿子，长子太伯，次子仲雍，幼子季历。

古公亶父偏爱小儿子季历的儿子姬昌，所以将王位传给了幼子季历，而不是长子太伯，为的是让孙子姬昌接位。

太伯是个孝子，为了成全父亲的心愿，和二弟仲雍出走。

太伯和仲雍开创了一个叫"吴"的国家，在当时属于披发左衽的"东夷"——艰难困苦之处，难以言表。

孝子遭父亲嫌弃，心里有多委屈？

杜甫不知怎的，"每趋吴太伯，抚事泪浪浪"。

他是家中长子，自小离开父亲，跟着姑姑生活。父亲续娶后，又生了几个孩子。想来在这个家，杜甫没什么存在感。

就算他从来不提,也不能说不委屈。

杜甫忆勾践,想秦皇,又一路走,一路忆及吴王阖闾和朱买臣。

他对朱买臣的态度是"除道哂要章"。

朱买臣家境贫寒,妻子嫌他穷,想离婚。他说自己五十岁时一定富贵,现在已经四十多岁了,再忍忍。

他的老婆说,像你这种傻瓜笨蛋,不饿死在路边就算命大了,还能给我富贵?呸!

朱买臣没办法,只好放她离开。

妻子如蒙大赦,转身就找个人嫁了。

几年后,朱买臣果然发迹,一路做到了会稽太守。

上任之日,会稽全城洒扫,民众列队相迎,他的前妻及其丈夫也在其中——她并不知道是朱买臣来了。

朱买臣见了前妻,拉着他们两口子一同回了太守官邸。

前妻自恨识人不明,羞愧上吊自杀。

朱买臣手下的一个小吏张汤当上了御史大夫,比他官大,他就伙同他人诬告张汤贪污。张汤自杀明志,死后遗产不足五百金。武帝知道后,将诬告张汤的三个人都处死了,包括朱买臣。

杜甫为什么哂?一哂朱买臣冲自己的前妻耀武扬威;一哂朱买臣被私欲蒙蔽心智,落得身死;一哂世人只知替朱买臣扬眉吐气,不知他的下场堪悲。

杜甫到了鉴湖,那是范蠡和西施泛舟的地方,有女子在此素手撷花。

杜甫乘船行到曹娥江上游的剡溪,那是谢灵运喜欢游玩的地方。

杜甫在江宁停留,虽没有见到六朝时的王谢豪门,但瓦棺寺里,顾恺之的维摩诘壁画仍在。

《京师寺记》中载,东晋兴宁年间,欲重修瓦棺寺,寺僧募捐,善款最多也不过十万钱。顾恺之说他要捐百万钱,不过捐的不是现钱。他让僧人在屋内粉了一面白墙,此后,他关门闭户,裹足不出,足足一个月。一个月后,维摩诘像成。

顾恺之对寺僧说,第一天来观此像者,请施十万,第二日五万。世人慕他丹青手,"及开户,光照寺,施者填咽,俄而得钱百万"。

如今二百余年过去,大族零散,画却没有失了光彩。

杜甫还在江宁人许八那里求得了瓦棺寺的维摩诘图样。肃宗乾元元年(758),杜甫在长安送已经成了他的同僚的许八回江宁,作送别诗时提念:

虎头金粟影,神妙独难忘。

虎头是顾恺之的小字。

杜甫在吴越流连四年,离开后再也没有回去过。

第五节
又壮游去也

杜甫要回乡赶考了。

这是一件大事。

考生济济,如过江之鲫。

乡里保荐,州县甄选,混在两三千名考生中,杜甫名落孙山。

这一年,他二十三岁。

正是眼高过顶、目空一切的年纪。

杜甫十四五岁时出入翰墨场,"饮酣视八极,俗物多茫茫";如今他又有了壮游的经历,自觉文才足以和屈原、贾谊匹敌,曹植、刘桢在他跟前,只能被俯视:

> 归帆拂天姥,中岁贡旧乡。
> 气劘屈贾垒,目短曹刘墙。

结果,碰了一鼻子灰。

于是,杜甫"忤下考功第,独辞京尹堂",他收拾收拾包袱,又走了。

后来,杜甫是如此评价自己的第二次壮游的:

放荡齐赵间，裘马颇清狂。

可以，这很李白。

齐国的领土在今山东省境内，赵国的领土大致相当于今山西北部和中部、河北西部和南部。

也就是说，杜甫从河南洛阳出发，跑到了山东、河北、山西，还有河南的其他地方，他转了一大圈。

父亲杜闲此时正在山东兖州做司马，杜少爷跑去省亲，花老爹的钱到处玩。

春天在邯郸的丛台上唱歌，冬天在青州以西的青丘游猎。

和杜甫一起游猎的，是他的朋友苏源明。

苏源明是京兆武功人，曾长期寓居徐州、兖州，后入仕做官。安禄山攻陷京师后，苏源明称病不接受安禄山的任命。肃宗继位后，擢升他为知制诰，官终秘书少监。

杜甫来齐赵时，苏源明已经是临门胄曹。

杜甫一箭射下飞鸟，苏源明笑着打比方，说自己是晋朝的征南将军山简，杜甫则是山简的爱将葛强，二人当年相携出游，好比今日你我二人游猎。

山间有樵夫砍柴，原野有农人莳麦，杜甫和朋友们大笑着风一样驰过。这些人直起身子，猜测这是谁家的少爷。

杜甫又跑去登泰山，这一登就登出一首绝世名篇：

岱宗夫如何？齐鲁青未了。

造化钟神秀,阴阳割昏晓。
荡胸生曾云,决眦入归鸟。
会当凌绝顶,一览众山小。
——《望岳》

巍峨的泰山到底有多雄伟?都走出齐鲁大地了,仍可见它的峰顶青青。造化如此神奇,形成千种美景;高峰插天,分割出了清晨与黄昏。层层白云,荡涤心胸;极目追踪,翩翩归鸟。一定要登上泰山顶峰,俯瞰群山。

杜甫跟任城的许主簿一起游了南池。一个下雨天,杜甫又摆上酒席,邀请许主簿上门:

东岳云峰起,溶溶满太虚。
震雷翻幕燕,骤雨落河鱼。
座对贤人酒,门听长者车。
相邀愧泥泞,骑马到阶除。
——《对雨书怀走邀许十一簿公》

看啊,东岳泰山处涌起了山峰一样的云层,漫漫无涯,遮蔽天空。震雷轰轰,惊飞帷幕上的栖燕;骤雨哗哗,打得河鱼沉落水底。我面前已摆好美酒,侧耳倾听着您到门前的声音。我居然在雨天泥泞的时候邀请您来做客,真是太不好意思啦,不过我还是希望您能骑马来到我的阶前。

这时候杜甫与人交往，是坦然的、自在的、平起平坐的，甚至略有一些少爷公子的小骄矜。

他后来的沉郁顿挫的诗风，现在一点影儿都没有。

是这时候的豪情满怀好，还是后来的沉郁顿挫好？

是这时候的呼朋引伴好，还是后来的踽踽独行好？

是这时候的亲朋围绕好，还是后来的亲友凋零好？

是这时候的受吹捧好，还是后来的被冷落好？

是这时候的社会平稳好，还是后来的兵戈动荡好？

如果没有后来的种种，就没有后来的杜甫。

从家国大义论，杜甫写的诗忠实记录了社会现实，杜甫的经历是苦难百姓的缩影，当然是后来好。

可是就个人命运讲，倒宁愿杜甫能一直生活在安稳平和的社会环境中，所谓的苦闷不过是考不上学啦，当不上官啦，娶不着心仪的女子啦，被父亲责骂啦，被老婆嫌弃啦……这一切都是和平带给世人的福利，不是痛苦。

真正的痛苦，是吃不饱饭，穿不暖衣，兵戈不定什么时候起，战火驱赶着人奔逃如羊群。

第二章 诗仙和诗圣

第一节
首阳山下

杜甫无忧无虑的时候，高适正穷困潦倒。

也就是在这个时间段，高适写出了他的成名作《燕歌行》：

> 汉家烟尘在东北，汉将辞家破残贼。
> 男儿本自重横行，天子非常赐颜色。
> 摐金伐鼓下榆关，旌旆逶迤碣石间。
> 校尉羽书飞瀚海，单于猎火照狼山。
> 山川萧条极边土，胡骑凭陵杂风雨。
> 战士军前半死生，美人帐下犹歌舞。
> 大漠穷秋塞草腓，孤城落日斗兵稀。
> 身当恩遇常轻敌，力尽关山未解围。
> 铁衣远戍辛勤久，玉箸应啼别离后。
> 少妇城南欲断肠，征人蓟北空回首。
> 边庭飘摇那可度，绝域苍茫无所有！
> 杀气三时作阵云，寒声一夜传刁斗。
> 相看白刃血纷纷，死节从来岂顾勋？
> 君不见沙场征战苦，至今犹忆李将军。

文字也好，绘画也罢，或者音乐，或者跳舞，或者别的什么艺术形式，其实都是人的一颗心、一张脸。透过这些东西，可以微妙地感知这个人的经历、心情、性格和所思所想，还可以看出此人所处的时代什么样。

大唐看起来欣欣向荣，仓库里有吃不完的粮米、用不完的锦缎，可是边疆在不停征战：

开元二十六年（738），杜希望攻陷吐蕃的新城，张守珪大破契丹；

开元二十七年（739），盖嘉运又在碎叶城打败突厥……

战争的胜利铸就了一个看似战无不胜的光环，光环里，边塞战士铁甲寒衣，有家难回；平民百姓徭役渐重，租赋越来越难以承担。

高适生活在底层，对于底层的现状有着敏锐的感知，对于底层的战士和百姓有着天然的同情。

杜甫不行，他还没有这样的心情。

所以，虽然杜甫在游汶水时遇到了高适，但是他们的交集并不多，就像天上白云和地上大鹅。

开元二十九年（741），杜甫回了洛阳，在首阳山下的尸乡亭附近，挖了几孔窑洞，安了属于自己的家。

首阳山与两个死心眼的古人有关——伯夷、叔齐，他们曾于此山采薇隐居。

商末周初，孤竹国的国君有两个儿子，哥哥叫伯夷，弟弟叫叔齐。

国王钟爱次子，想把王位传给叔齐。伯夷知道父亲的心意后，主动离开了孤竹，不叫父亲为难；叔齐不愿接受哥哥让给他的王位，也躲了起来。

伯夷、叔齐听说西伯昌——也就是周文王，尊老敬老，便前往投奔，在周国定居。西伯昌死后，他的儿子周武王继位，进军伐纣。伯夷、叔齐这两个大孝子听说这件事后，跑去劝阻："父死未葬，就大动干戈，攻伐别人，这算是孝吗?作为臣子,却去攻伐君主,算是仁吗?"

后来,周武王大败商纣王,天下人尊奉周武王为天子,伯夷、叔齐深以为耻,决心不做周臣,不食周粟。他们互相搀扶着沿渭河而上,跑到首阳山隐居,靠采薇菜充饥。快要饿死的时候,作歌曰:

> 登彼西山兮,采其薇矣。以暴易暴兮,不知其非矣。神农虞夏忽焉没兮,我安适归矣?于嗟徂兮,命之衰矣!

兄弟二人就这么饿死在首阳山上。
气节嘛,是有的。
是"孝"还是"愚孝",就说不清了。
是"忠"还是"愚忠",也说不清。
不伐商纣,等着让残暴的商纣王把天下人都虐杀殆尽吗?怎么想的!

第二节
一生一世一双人

开元二十九年（741）寒食，新家落成。
杜甫特作《祭远祖当阳君文》：

> ……小子筑室，首阳之下，不敢忘本，不敢违仁……

这里有杜审言的坟墓，给家族带来辉煌与荣耀的远祖杜预也埋在这里。
杜甫后来常常怀念这个家，称它作"尸乡土室"和土娄庄。

有学者认为，"尸乡土室"和土娄庄就是杜甫在诗里提过的陆浑庄，证据是杜甫写给弟弟的诗——《忆弟二首（时归在南陆浑庄）·其二》：

> 且喜河南定，不问邺城围。
> 百战今谁在，三年望汝归。
> 故园花自发，春日鸟还飞。
> 断绝人烟久，东西消息稀。

既然陆浑庄在河南，杜甫给自己安的家也在河南，那么陆浑庄就是"尸乡土室"喽。

但是又有人产生疑问：

其一，陆浑县和陆浑山在洛阳西南，"尸乡土室"所在的偃师县在洛阳之东。

其二，陆浑庄应当是杜甫一家人共同居住的一处别业，规模应该不算小；"尸乡土室"顶多算是一处小院，杜甫独自居住，或者是娶了媳妇后小两口居住。

其三，"时归在南陆浑庄"，是清代早期以前的杜甫诗集里的写法，若作"南陆浑庄"，应当是相对于洛阳而言，方位与陆浑县或陆浑山相合，而与"尸乡土室"的方位不符。

其四，唐代不少人有陆浑庄或陆浑别业，它们都在陆浑县和陆浑山，唯独杜甫家的陆浑庄在偃师，不合情理。

因此，陆浑庄更可能在洛阳之南的陆浑山一带，是不同于偃师"尸乡土室"的杜甫家的另一处别业。

他把他的新家命名为陆浑庄也好，"尸乡土室"或者土娄庄也罢，总之，他年近三十，不再依附大家庭生活，他有了自己的个人空间。

这一年，杜甫娶妻。妻子是司农少卿杨怡的女儿，比他小十岁左右。

看着妻子明媚娇艳，杜甫觉得快乐。看着丈夫眉间的书生气韵，妻子亦觉心折。从此他们就是一生一世一双人。

夏天时，任齐州临邑主簿的弟弟杜颖来信说，暴雨之下，河流决口，席卷人畜，房倒屋塌，百姓哭喊，亡命奔逃。

只见杜甫笔锋起落成诗：

燕南吹畎亩，济上没蓬蒿。

螺蚌满近郭,蛟螭乘九皋。
徐关深水府,碣石小秋毫。
白屋留孤树,青天失万艘。
吾衰同泛梗,利涉想蟠桃。
却倚天涯钓,犹能掣巨鳌。

——《临邑舍弟书至,苦雨,黄河泛溢,堤防之患,簿领所忧,因寄此诗,用宽其意》

妻子杨氏钦慕地看着杜甫。杜甫自觉忧国忧民,眉心皱得能夹死蚊子。

他没有亲眼见到波峰浪谷,也没有亲眼见到家破人亡,他恨的只是概念上的洪水。

他还没有被撂进油锅里炸,开水锅里煮,生活还没有逼他在炭火上跳舞。世上少有感同身受那种事,如果感同身受了,基本上就是他真的经受了。

所以,杜甫只是象征性地忧国忧民了一下,继续过他的安稳日子了。

杜甫到左家庄参加宴会,时已入夜,风入长林。月儿纤纤,已经西沉。衣带沾露,暗水慢流。春日星空,芳菲草堂。翻检书籍,烛火照亮。看剑引杯,夜色正长。新诗作罢,吴音咏唱。乘舟江南,心下难忘。

风林纤月落,衣露净琴张。
暗水流花径,春星带草堂。
检书烧烛短,看剑引杯长。
诗罢闻吴咏,扁舟意不忘。

——《夜宴左氏庄》

回到家,残酒未醒,妻子端上一碗醒酒汤,喂他喝下。他唠唠叨叨,给她讲江南,他想带她去玩。

妻子温柔浅笑,说:"好,好。"又跟他说,"姑姑打发人来,送了些米面瓜菜,又送了自家酿的两坛酒,让你少喝些。"

杜甫笑了:"姑姑,您老人家是让我喝酒呢,还是不让我喝酒呢?"他拉着妻子的手,"明儿咱们回洛阳。"

到现在,杜甫仍旧改不过口来,觉得洛阳就是他的家。

杨氏想起新婚当日,姑姑拉着她的手,满脸是笑,眼里含泪,真是一个慈祥又美丽的贵妇人。她点点头:"好,咱们去看姑姑。"

天宝元年(742),杜甫的姑姑去世。

杜甫于灵前跪孝,作千言墓志铭《唐故万年县君京兆杜氏墓志》:

……甫昔卧病于我诸姑,姑之子又病间,女巫至,曰:"处楹之东南隅者吉。"姑遂易子之地以安我,我是用存,而姑之子卒,后乃知之于走使。甫常有说于人,客将出涕感者久之,相与定谥曰义。君子以为鲁义姑者,遇暴客于郊,抱其所携,弃其所抱,以割私爱,县君有焉。是以举兹一隅,昭彼百行,铭而不韵,盖情至无文。其词曰:呜呼,有唐义姑京兆杜氏之墓。

《列女传》载,齐军攻打鲁国,逼近郊外。鲁国一个女人拉扯着两个孩子奔逃,一路滚滚跌跌。形势危急,实在顾全不了两个孩子,女人只好扔下一个,抱起一个。

扔下的那个是亲生儿子,哇哇大哭,看着母亲跑远。

女人被齐军抓住,齐军问她为什么扔下自己的儿子,她答:"子之于母,乃私爱也;侄之于姑,乃公义也!焉能背公而向私乎?"

齐军听了,感慨唏嘘:"鲁郊妇人犹能持节,何况朝廷!"遂罢兵。

这是一个义姑。

杜甫说自己的姑姑也是义姑。

他后来历经家世凋零,人间丧乱,不但没有黑化,还于冻饿之际,希望能够得广厦千万间,"大庇天下寒士俱欢颜",哪怕是以"吾庐独破受冻死亦足"为代价,姑姑功不可没。

第三节
所历厌机巧

成了家,就该立业了。

上次科举落第,有一个很重要的原因——刷脸刷得不敬业。

这一阵子,杜甫就在首阳和洛阳两头跑,和洛阳的显贵来往挺多,比如秘书监李令问、驸马郑潜曜等。

他给李令问写诗:

> 尚觉王孙贵,豪家意颇浓。
> 屏开金孔雀,褥隐绣芙蓉。
> 且食双鱼美,谁看异味重。
> 门阑多喜色,女婿近乘龙。
> ——《李监宅二首·其一》

《圣怪录》一书中记载:

> 李令问开元中为秘书监,好美服珍馔,以奢闻;有炙驴罂鹅之属,惨毒取味。

为什么说"异味重",显然是指李令问干的这种缺德事。杜甫很讨厌,但是又不能表露,还得在诗里夸。

杜甫努力从一个自然人的状态向社会人转型。

没办法,他要当官,要入仕,要支撑家业,为家族争光。

但是这不表明他不觉得这一切讨厌。他初见李白,就憋不住发牢骚:

二年客东都,所历厌机巧。

杜甫前后游历十年,心早就野了,能游玩的时候,绝不宅着。

他跑去洛阳南二十五里的伊阙游了龙门石窟。

伊水北流,两山夹岸对峙,天如门阙,所以叫伊阙。隋炀帝观伊阙时说:"此龙门也……"从此,这里就成了"龙门"。

伊水两岸的崖壁上,雕凿了许多石窟,石窟中佛像林立。最大最有名的石窟,就是奉先寺。卢舍那佛着通肩大衣,衣褶舒缓,眉线弯弯,唇线柔柔,耳垂长长。

被这样一尊佛慈祥俯视,心境自然会渺然出尘,觉得世间万物如东流水,"欲觉闻晨钟,令人发深省"。

就在这个时候,天宝三年,不对,天宝三载(744),杜甫和李白在洛阳相遇了。

742年,唐玄宗改元天宝;744年,他又将天宝三年改为天宝三载,"载"代替"年",使用至玄宗退位。

自嬴政始称皇帝以来,历朝历代年号的纪元以及推算都是以"年"为单位的,玄宗之后的所有皇帝也都以"年"为单位。他改"年"为"载",是两千多年历史中的独一份儿。

物阜民丰,国家兴盛,玄宗自感功绩卓越,人生大事已经完成。

《唐大诏令集》载:

> 历观载籍,详求前制,而唐虞之际,焕乎可述,用是钦若旧典,以协唯新,可改天宝三年为三载。

唐虞是唐尧与虞舜的并称,即尧舜时代,那是人人都知道、人人都向往的太平盛世。

汉代古籍《尔雅》中载:

> 夏曰岁,商曰祀,周曰年,唐虞曰载。

玄宗认为自己的功业可比尧舜,开创的时代也同样政通人和,所以,凭什么不称"载"?

真是吹爆了牛皮!

天宝三载(744),杜甫三十二岁,李白已经四十三。

李白,一个无家世可依的白衣,因为出身,一直没有走科举之路,而是拼尽全力在游历山水的同时,拜谒豪门,投刺诗文。

后来,因为诗文辗转被皇帝得知,被召入京。李白仰天大笑出门去,自言我辈不是蓬蒿人。可是到了长安,他只得了个闲散的官职,每日在御前侍奉,被当初瞧他不起的名门官宦请去喝酒作诗。一年多后,被赐金放还。

一路上,李白着庶民服饰,看花看树,看山看水。可毕竟是得皇帝青眼相待的人,还有"天下诗人数第一"的知名度,所以在洛阳,李白受到了当地官员士绅的接待，杜甫也得到了和他见面的机会。

如今的李白表面意气风发，实则满心疲惫，来到洛阳地界，面对士绅的酒宴招待，他大声谈笑，大碗喝酒，讲一些宫廷见闻，拱手向上，说一说圣上行止，引得这些没有亲见过皇帝的土包子面露艳羡之色，求他看看自己的诗——四舍五入一下，也就相当于皇帝本人看了自己的诗。

杜甫心里激动，现索纸笔，誊写自己的得意之作——《望岳》，恭恭敬敬地请这位大前辈指教。

李白随口称夸两句，杜甫乐得找不着北，又热切地提出邀请，允许自己尽地主之谊，带他到处走走看看。

> 二年客东都，所历厌机巧。
> 野人对膻腥，蔬食常不饱。
> 岂无青粳饭，使我颜色好。
> 苦乏大药资，山林迹如扫。
> 李侯金闺彦，脱身事幽讨。
> 亦有梁宋游，方期拾瑶草。
> ——《赠李白》

我旅居东都两年，经历的机智灵巧的事情真是让人讨厌。

我是个乡野村人，哪怕连粗菜饭都吃不饱，也不会吃臭了的肉。

难道我就不配吃青粳饭，让脸色好看一些吗？

最让我苦恼的是缺少材料炼金丹，这深山老林就像被大扫帚扫过，什么也找不到。

您在朝廷中才德杰出，如今脱身金马门，独自去寻讨幽隐。

我也想离开东都，到梁宋一游，希望能够与您结伴同行。

于是，杜甫开始了他的第三次漫游：梁宋游。

梁州，就是如今的开封一带。宋州，就是如今的商丘一带。

游览的目的是求仙访道，采瑶草。

——杜甫哪里有求仙访道的心思，他一直是个挺现实的人，没有宗教情怀。就算游奉先寺，见石雕大佛，也不过是"欲觉闻晨钟，令人发深省"。

这次，他完完全全被李白带跑了。

第四节
超豪华诗人观光团

据说王屋山上长着瑶草。

王屋山东依太行,西接中条,北连太岳,南临黄河,是道教十大洞天之首、全真派的圣地。

李白与杜甫渡过浊浪滔滔的黄河,登临王屋山,想去参拜当时有名的道士华盖君,求些心得,好超脱世俗。

这分明就是李白的愿望,他急于超脱红尘之苦。

二人同游阳台观——开元年间,玄宗在王屋山为司马承祯敕建,杜甫没有作诗,李白作诗一首《上阳台》,并亲笔书写成帖。

如今,《上阳台帖》被北京故宫博物院收藏,是国家顶级珍宝。

杜甫和李白本来是想寻访道士华盖君的,可是华盖君已经去世。他们遇到了一个叫孟大融的人。因为志趣相投,李白挥笔给他写了一首诗:

> 我昔东海上,劳山餐紫霞。
> 亲见安期公,食枣大如瓜。
> 中年谒汉主,不惬还归家。
> 朱颜谢春辉,白发见生涯。
> 所期就金液,飞步登云车。

愿随夫子天坛上,闲与仙人扫落花。

——《寄王屋山人孟大融》

可以看得出来,李白对人间厌烦透了。

杜甫对于李白的心境没有十分深刻的体会,他也没有写什么诗。也可能是在李白的光环压制下,不怎么敢写。

不过他写过一首《昔游》诗:

> 昔谒华盖君,深求洞宫脚。
> 玉棺已上天,白日亦寂寞。
> ············
> 良觌违夙愿,含凄向寥廓。
> 林昏罢幽磬,竟夜伏石阁。
> 王乔下天坛,微月映皓鹤。
> ············

求仙之心迫切,竟然通宵匍匐在石阁下,希冀神仙跨鹤下凡,授予他们金丹妙药。

这不是杜甫的虔诚,他明显是在跟着李白瞎胡闹。

杜甫和李白的脾气不一样。李白是炮仗,点火就炸型,对待灵感也一样。灵感来了,张嘴就来,提笔就写。

杜甫则是反刍型,当时所见所感,过后经过反刍,体味愈渐鲜明,然后见诸笔端。

李白反应快而浅，杜甫反应慢而长。

这也就能理解为什么李白会很快赠杜甫诗且赠两三首就拉倒，杜甫则不停地给李白写诗，什么《赠李白》二首、《与李十二白同寻范十隐居》、《八仙歌》、《冬日有怀李白》、《春日忆李白》、《送孔巢父谢病归游江东，兼呈李白》、《梦李白》二首、《天末怀李白》、《寄李十二白二十韵》、《苏端薛复筵简薛华醉歌》、《不见》、《昔游》、《遣怀》……

杜甫和李白结伴游梁宋的时候，又和高适历史性地会面了。

高适就是个穷书生，到长安投刺不成，住到乡下，种粮食菜蔬，满手泥巴，一身臭汗，低头栽苗，仰天长啸。

总之，也是理想与现实割裂的一个人，一脚踩在地上，一脚踏进云里。

杜甫和高适原来就认识，说不上有多深的交情，不过既然遇上了，那就三人同行，组成了唐朝超豪华的诗人观光团。

高适把家里所有的铜板都揣上了，也不过寥寥二三十文。杜甫手头宽裕些，李白的怀里揣着皇帝给他的辞退金。喝酒，作诗，赏景。

游睢阳，访梁园，到古吹台时听见有人抚琴，三人作了布施，请和尚置办酒菜和笔墨纸砚，借着刚修缮一新的厢房，吃喝一顿。

李白喝高了，在人家刚粉刷好的白墙上写了一首《梁园吟》：

我浮黄河去京阙，挂席欲进波连山。
天长水阔厌远涉，访古始及平台间。
平台为客忧思多，对酒遂作梁园歌。
却忆蓬池阮公咏，因吟渌水扬洪波。

洪波浩荡迷旧国，路远西归安可得！
人生达命岂暇愁，且饮美酒登高楼。
平头奴子摇大扇，五月不热疑清秋。
玉盘杨梅为君设，吴盐如花皎白雪。
持盐把酒但饮之，莫学夷齐事高洁。
昔人豪贵信陵君，今人耕种信陵坟。
荒城虚照碧山月，古木尽入苍梧云。
梁王宫阙今安在？枚马先归不相待。
舞影歌声散绿池，空余汴水东流海。
沉吟此事泪满衣，黄金买醉未能归。
连呼五白行六博，分曹赌酒酬驰晖。
歌且谣，意方远。
东山高卧时起来，欲济苍生未应晚。

杜甫对他这个李兄，实在是太崇拜了，这是一个什么样的仙人啊！

三人又登上了芒砀山，就是刘邦斩蟒蛇起事的地方。

高适也写了不少诗，比如《同群公秋登琴台》《同群公出猎海上》《宋中十首》等；杜甫在当时没有写什么诗，后来倒是写了许多怀念这段时光的诗。他的反射弧确实比较长。

李白是从中央下来的人，天然地关注政治；杜甫是想要入仕从政的人，也天然地关注国家大事；高适虽说躬耕陇亩，但只是暂时蛰伏，他对于边塞和军事有着火热的关注度。

所以于酒楼畅谈痛饮之余，登吹台、望芒砀浮云之际，他们会满怀忧虑地谈及近几年来玄宗的好大喜功，搞得边将不扎扎实实地搞军备，而是贪图功绩，驱使百万兵士攻打一个不重要的城市，赢了就上报领赏，输了就隐瞒战况。

将领视军士如泥土，多少春闺梦里人，变成无名河边骨。

然后一齐忧虑叹息：唉！

第五节
拜李邕

第二年,也就是天宝四载(745),高适南游楚地去了,李白和杜甫继续结伴游历,他们到了齐州,也就是现在的济南。

李白想在紫极宫领受北海高天师的道箓,他心灰意冷,不想在尘世混了。

杜甫则拜访了北海太守李邕,李邕是来齐州做客的,齐州太守李之芳是李邕的从孙。

李白和李邕有点仇,当初他投卷到李邕门上,李邕没搭理他。

如今李白成了诗歌大佬,李邕也老了,七十岁了,李白对他也没什么好感,保持礼貌客气,化敌为友什么的,算了。

不过,李邕对杜甫倒是挺好的。这个后辈蛮谦逊有礼的,而且出身于诗书世家。

杜甫年少时,在洛阳崭露头角,已经有人援引他与李邕、王翰等大诗人认识、结交。

杜甫对于这个传奇人物也抱有足够的尊重,他扶着李邕游历下亭、新亭,重叙洛阳别后情形,言谈间对于当代文学多有探讨。

李邕细数了几十年来大唐的诗人,评价杨炯的诗文雄壮,李峤的太过华丽;杜甫最钦佩的人是张说,不过张说已经去世。李邕对张说没什么好感,两个人有私怨。

第二年，李邕就死了。

他摊上大事了。

本来是一个姓柳的人，造谣构陷自己的老丈人勾结东宫，批评皇帝——玄宗特别排斥太子，大约等同于两只雄兽争地盘的那种排斥。

当朝右相李林甫也特别排斥太子——他是皇帝的人，太子上台，马上会处理他这个旧臣，更何况他还嚣张到处处压太子一头，欺负得太子不敢喘气。

《太平广记》里记载了一件事：肃宗还是太子时，在东都多次被李林甫陷害，情势很危急，愁得他两鬓都长出了白发。有一次上早朝，玄宗看见太子后神色骤变："你有病就回宫休养吧，我下朝后就去看你。"

玄宗来到太子的官院，见庭院很不干净，乐器、屏风、帏帐等上都积满了尘土，很是生气，回头问高力士："太子住的地方条件这样差，你为什么不禀告我？"

高力士回答说："我曾经想要禀告皇上，可是太子不允许。他说不要惊动皇上，使皇上挂念。"

太子不是不忍心惊动，是不敢惊动，就这，李林甫还找他的碴儿，想治死他哩。

李林甫马上派爪牙京兆士曹吉温与御史审理此案，结果查出这个姓柳的人才是主谋，便以"妄称图谶、交构东宫、指斥乘舆"的罪名将他下狱。

吉温命令这个姓柳的攀扯李邕，供称李邕与此案有牵连。

在这年十二月，这个姓柳的和他的老丈人都被杖毙，陈尸大理寺，他的老婆孩子被流放；李邕也在第二年的正月被李林甫派去的心腹杖杀了。

——李林甫阴鸷毒狠，功业有超过他的可能的人，都是他的眼中钉、肉中刺。李邕走到哪里都有人围着,李林甫哪受得了这个!

出头的椽子有他一根就够了。

玄宗任由李邕被冤死,他已经不再是刚上任时励精图治、英明神武的年轻帝王了。他老了,开始和他的玉环妹妹享受生活。

杜甫的反射弧长得真是可以,到了晚年,作了一套《八哀诗》,其中有一首是写给李邕的悼诗,很长的排律:

> 长啸宇宙间,高才日陵替。古人不可见,前辈复谁继。
> 忆昔李公存,词林有根柢。声华当健笔,洒落富清制。
> 风流散金石,追琢山岳锐。情穷造化理,学贯天人际。
> 干谒走其门,碑版照四裔。各满深望还,森然起凡例。
> 萧萧白杨路,洞彻宝珠惠。龙宫塔庙涌,浩劫浮云卫。
> 宗儒俎豆事,故吏去思计。眄睐已皆虚,跋涉曾不泥。
> 向来映当时,岂独劝后世。丰屋珊瑚钩,骐驎织成罽。
> 紫骝随剑几,义取无虚岁。分宅脱骖间,感激怀未济。
> 众归赒给美,摆落多藏秽。独步四十年,风听九皋唳。
> 呜呼江夏姿,竟掩宣尼袂。往者武后朝,引用多宠嬖。
> 否臧太常议,面折二张势。衰俗凛生风,排荡秋旻霁。
> 忠贞负冤恨,宫阙深旒缀。放逐早联翩,低垂困炎厉。
> 日斜鵩鸟入,魂断苍梧帝。荣枯走不暇,星驾无安税。
> 几分汉廷竹,夙拥文侯彗。终悲洛阳狱,事近小臣敝。
> 祸阶初负谤,易力何深哜。伊昔临淄亭,酒酣托末契。
> 重叙东都别,朝阴改轩砌。论文到崔苏,指尽流水逝。

近伏盈川雄,未甘特进丽。是非张相国,相扼一危脆。
争名古岂然,键捷欻不闭。例及吾家诗,旷怀扫氛翳。
慷慨嗣真作,咨嗟玉山桂。钟律俨高悬,鲲鲸喷迢递。
坡陀青州血,芜没汶阳瘗。哀赠竟萧条,恩波延揭厉。
子孙存如线,旧客舟凝滞。君臣尚论兵,将帅接燕蓟。
朗吟六公篇,忧来豁蒙蔽。

——《赠秘书监江夏李公邕》

杜甫写这首诗的时候,早已经是资深受害者了。

第六节
花落鸟飞不相见

话说回来。杜甫的弟弟杜颖在临淄做主簿,离济南不远,杜甫去看望弟弟。
李白回家去了,他此时就把家安在东鲁。
杜甫看望弟弟后,又跑去找李白会合。
杜甫戴一顶斗笠,瘦瘦长长的,脸颊也瘦削,顶着大太阳就跑过来了。
李白一见失笑,随手写了一首诗:

> 饭颗山头逢杜甫,
> 顶戴笠子日卓午。
> 借问别来太瘦生,
> 总为从前作诗苦。
> ——《戏赠杜甫》

在饭颗山上遇到杜甫,他头戴斗笠,顶着中午的日头风尘仆仆地走来。
我就想问一句,你怎么会越来越瘦?
估计是前阵子作诗作得太辛苦了。
语气亲近熟络。李白已经放下大诗人的架子,乐于和这个小老弟开开玩笑。

这俩人继续游玩。

秋天,听人说有一个叫范十的,正在城北的田园隐居。
李白和杜甫就找去了。
野路不好走,沾了一身的苍耳。
老范家穷穷破破的,但是人特别开朗热情,哈哈地笑。
三个人弄两个粗菜,喝着家酿的土酒,天南海北一通聊。
聊开心了,不走了,足足在人家住了十天。

　　李侯有佳句,往往似阴铿。余亦东蒙客,怜君如弟兄。
　　醉眠秋共被,携手日同行。更想幽期处,还寻北郭生。
　　入门高兴发,侍立小童清。落景闻寒杵,屯云对古城。
　　向来吟橘颂,谁欲讨莼羹?不愿论簪笏,悠悠沧海情。
　　　　——《与李十二白同寻范十隐居》

　　雁度秋色远,日静无云时。客心不自得,浩漫将何之。
　　忽忆范野人,闲园养幽姿。茫然起逸兴,但恐行来迟。
　　城壕失往路,马首迷荒陂。不惜翠云裘,遂为苍耳欺。
　　入门且一笑,把臂君为谁。酒客爱秋蔬,山盘荐霜梨。
　　他筵不下箸,此席忘朝饥。酸枣垂北郭,寒瓜蔓东篱。
　　还倾四五酌,自咏猛虎词。近作十日欢,远为千载期。
　　风流自簸荡,谑浪偏相宜。酣来上马去,却笑高阳池。
　　　　——《寻鲁城北范居士失道落苍耳中见范置酒摘苍耳作》

这么一看,杜甫的诗是被李白碾压的。

他还不成。诗风抱成团，散不开，锹头又软，挖不下去。

从范十家回来后，两人就在曲阜的石门前分别了——杜甫要到长安求官。

> 醉别复几日，登临遍池台。
> 何时石门路，重有金樽开。
> 秋波落泗水，海色明徂徕。
> 飞蓬各自远，且尽手中杯。
> ——《鲁郡东石门送杜二甫》

> 秋来相顾尚飘蓬，
> 未就丹砂愧葛洪。
> 痛饮狂歌空度日，
> 飞扬跋扈为谁雄！
> ——《赠李白》

奇怪的是，这两首诗一对比，杜甫又更胜了李白。

李白的诗很平。他一路走来，不知道见了多少人，杜甫只是其中一个，所以他只是礼节性地惜别，景也没心细写，更没有着意挖掘杜甫的人物形象。

杜甫对李白是真的崇拜，他的感情强烈，抓住了李白的形象特点——痛饮狂歌，飞扬跋扈。而且，杜甫还在诗里说"未就丹砂愧葛洪"。因为受李白的影响，他也想要修道炼丹，也访了修道的元丹丘和炼丹的董奉先，只是没学会。

杜甫正年轻，一腔热血，差点儿被拐去成了道门中人。朋友之间的影响力不可谓不大，尤其是在"醉眠秋共被，携手日同行"的情况下。和李白分开后，杜甫这股子劲头就淡了下来。

从此各奔前程。
春日花鸟一朝相逢,来日风吹雨打,花落鸟飞,再不曾相见。

> 我来竟何事?高卧沙丘城。
> 城边有古树,日夕连秋声。
> 鲁酒不可醉,齐歌空复情。
> 思君若汶水,浩荡寄南征。
> ——《沙丘城下寄杜甫》

李白在鲁郡东石门送别杜甫后,旅居沙丘城,写下这首诗,寄给杜甫。
你说我来到这里到底有什么事可做?每天就是无聊地在这沙丘城躺躺坐坐。
沙丘城边古树茂盛,不断地发出凄凉的秋声。
鲁地的淡酒怎么喝也喝不醉,齐地的歌声空有情。
我对你的思念如同滔滔的汶水,浩浩荡荡地随着你一路南行。
他知道杜甫要去奔前程了,所以心里有所牵挂,诗写得就更有真情实感了。
不过,在这首诗之后,他再没给杜甫写过诗了。

至于杜甫,则总是会想起李白。想起来了,就情不自禁地作诗。
那日,在长安,春亭日暮,绿树四合,他又想起二人的携手同游:

> 白也诗无敌,飘然思不群。
> 清新庾开府,俊逸鲍参军。

渭北春天树,江东日暮云。

何时一樽酒,重与细论文。

——《春日忆李白》

如果命运是个女人,一定是待杜甫如后娘。想和李白见面,见面还要喝酒,还要一边喝酒一边谈论诗文?

下辈子吧。

第三章 乞食长安

第一节
长安，长安

天宝五载（746），杜甫来到长安。

这一年，他三十四岁。

时值深秋，宽敞的街道上黄叶飘零。

朝廷下了旨意，要征召天下士子：凡有一艺擅长，皆可到长安待选。既不限制考生的年龄，又不限制考生的来源。

参加进士考试，要年满十八周岁；考生来源，一为"生徒"，二为"乡贡"，三为自学成才的考生，四为名士推荐的"非常之才"。

杜甫跃跃欲试。

他自知，论儒家六艺——礼、乐、射、御、书、数，他不虚任何人。

初到帝都，杜甫看哪儿都新鲜，去哪儿都快乐。

李白虽然离开，但坊间仍流传着关于他的传说。

听着人们口中被传得荒腔走板的李学士，杜甫心想：你们知道不，前阵子我刚和他喝过酒。

还有活在人们口中的人物，杜甫见不着了，可是心中向往。

比如比李白更早一步离开京城的贺知章。

此人好喝酒，还好喝大酒。喝醉了掉进井里都不往外爬，要在井里睡一觉再说。这是最为坊间津津乐道的。长安街市上认识他的人很多——仆人捧着笔墨,随时伺候着,喝醉的他看谁家的白墙顺眼,抓过笔来就在谁家墙上题诗。他也知道自己的德行,所以晚年自号"四明狂客",四明指的是四明山,那是贺知章的家乡附近的山。

——越老越想家。

杜甫听了贺知章的传说,心下烫热,写了两句诗给他:

知章骑马似乘船,眼花落井水底眠。

坊间还有关于汝阳王李琎的传说。

李琎是玄宗的侄子,玄宗特别宠爱他,放纵他。他喝酒三斗,带着醉意都敢跑去见天子——天子不仅是天子,天子还是他的叔叔,他的亲人。

李琎是宁王长子,姿容妍美,有个小名叫花奴。玄宗亲自教他打羯鼓。他常伴玄宗游玩赏景,玄宗一刻也舍不得让他离开。

有一次,李琎头戴砑绢帽击鼓,玄宗亲自采了一朵红槿花要戴在他的帽上。砑绢帽与槿花都很滑,不好戴,好久才戴上。李琎再奏一曲《舞山香》,帽上的槿花却没有掉下来,这是因为李琎项功过硬,击鼓时头不摇晃。玄宗大喜,赏赐李琎金器,笑着夸赞:"花奴姿质明洁莹丽,肌肤头发细腻光洁,不是人世间的人,一定是被贬下凡的神仙。"

李琎好饮,路上看见曲车——就是酒车,居然会馋得流口水,恨不得把自己的封地迁到酒泉,因为据说酒泉"城下有金泉,泉味如酒,故名酒泉"。

杜甫作诗道:

汝阳三斗始朝天,道逢曲车口流涎,恨不移封向酒泉。

还有李适之，他在天宝元年（742）代替牛仙客成为左丞相。此人好喝酒，好待客，动不动就摆酒设宴。杜甫来长安这年，李适之被李林甫排挤罢相，就算他请客，人家都未必肯去了。看看空空的宴席，寥寥的来客，李适之赋诗一首：

避贤初罢相，乐圣且衔杯。
为问门前客，今朝几个来？

——三国时，徐邈酒醉，谓酒清者为圣人，酒浊者为贤人。"乐圣"，即喜喝清酒；"避贤"，即不喝浊酒。

杜甫诗云：

左相日兴费万钱，饮如长鲸吸百川，衔杯乐圣称世贤。

还有崔宗之。

他爹是吏部尚书崔日用，崔宗之喝酒喝高了，就好摆一个姿势：把酒杯举得高高的，冲天翻白眼。

——晋代时，阮籍能作青白眼，青眼献给朋友，白眼砸向俗子。

这么一位翩翩公子、风流少年，喝醉了左摇右晃，如风吹林梢，再加上望天翻白眼的动作，可以说他是出尘，也可以说他是"中二"。

杜甫诗云：

宗之潇洒美少年，举觞白眼望青天，皎如玉树临风前。

苏晋是开元年间的进士,当过户部和吏部侍郎。此人喜欢坐禅,茹素不荤,是个有宗教信仰的人,可是又破戒饮酒,动辄大醉。他天天在"斋"和"醉"两端摇摆,一端是佛性,一边是酒兴,搞得他自己都很矛盾。

杜甫诗云:

苏晋长斋绣佛前,醉中往往爱逃禅。

杜甫又写到了他的李白兄:

李白斗酒诗百篇,长安市上酒家眠,天子呼来不上船,自称臣是酒中仙。

"天子呼来不上船",不知道事情是否如此,但是坊间都这样说,杜甫与有荣焉。

当时的传奇人物还有草圣张旭。

这个人醉后大喊大叫,大跑大跳,要来毛笔,挥洒之间,变化无穷,就像神仙把着他的手腕写出酣畅淋漓的草书来,所以人称"草圣"。张旭还特别恃才傲物,再显赫的王公大臣在他面前,他都可以不顾礼仪,摘了帽子,露出头顶,奋笔疾书,如癫如狂。

杜甫夸他:

张旭三杯草圣传,脱帽露顶王公前,挥毫落纸如云烟。

最后还有一个人物,叫焦遂,乃一介平民。酒量大得不行,五斗方能令他有一点点醉意。平时不好说话,喝了酒便滔滔不绝,高谈阔论,举座皆惊。杜甫说他:

焦遂五斗方卓然,高谈雄辩惊四筵。

——这些在坊间口口相传的段子,都被杜甫听去了,就说他有多淡定,人有多闲。

《饮中八仙歌》一点也不规整,一点也不严谨。杜甫写这些酒中大仙大神,感觉自己也喝得醺而又醺。

他也想像他们一样,他也要和他们一样!

第二节
野无遗贤

除夕到了。

这是杜甫在长安城过的第一个新年。

爆竹噼噼啪啪,街上熙熙攘攘,一群一群的人驱傩,戴着面具跳舞。

杜甫喝了几杯酒,和一群人玩了一把赌博,熏陶陶地回寓所,写下一首《今夕行》:

> 今夕何夕岁云徂,更长烛明不可孤。
> 咸阳客舍一事无,相与博塞为欢娱。
> 冯陵大叫呼五白,袒跣不肯成枭卢。
> 英雄有时亦如此,邂逅岂即非良图。
> 君莫笑,刘毅从来布衣愿,家无儋石输百万。

外面一派热闹景象,他和妻子两相分隔。

不过他这一夜玩得也够疯的,大呼小叫的。输了钱猴急,衣裳都顾不上穿好,鞋也没有好好地穿,就那么下了一注大的,结果,唉,又输了!

此时,杜甫的父亲已经由兖州司马改任距长安不远的奉天县令了,经济上的供给应该是不难的。

输了也没在怕的。赌场失意,考场就能得意了。杜甫暗暗地想。

此时，玄宗已经纳了杨玉环。

玄宗太宠爱他的杨贵妃了，宠爱得不知道怎么办才好。

杨国忠不是杨玉环的亲哥，不过不要紧，封官。

杨玉环的三个姐妹，被分别封为韩国夫人、秦国夫人、虢国夫人。

天下人羡慕坏了，这要是我闺女，多好！自家的臭小子，说不定什么时候就会被征调去服兵役劳役，庄稼地没人种不说，说不定还会死在外头，回不了家。

玄宗喜欢带杨贵妃去泡温泉，冬天去华清宫，开了春才回来。

杜甫进京的这一年九月下旬，玄宗和杨贵妃照例又去华清宫了，仪仗队伍浩浩荡荡。

杨贵妃的姐妹们，争相比着置办豪华的车服。一辆牛车，用黄金翡翠作装饰，还有珍珠、美玉。这装饰费用，何止几十万贯。

过不多时，牛拉不动，又请求换乘马车。于是又竞相购买名马，用黄金打制马嚼子，用华丽的锦绣作障泥垂在马腹两侧。

玄宗坐在宽敞豪华、舒适暄软的马车里，揽着他的爱妃杨玉环。帘子早就撂下了，爱妃有点困了，枕着玄宗的腿，想小睡一觉。他把她又往怀里揽了揽。

许多朝臣亲贵随行，留在长安主持大局的是右相李林甫。玄宗对右相是百分百地信任。

玄宗就是中了李林甫的毒，李林甫说的话，玄宗实在是太爱听了。玄宗喜欢音乐，李林甫也喜欢音乐，算是知音呢。或者说，因为皇帝喜欢音乐，李林甫才钻研音乐以至于精熟，以讨皇帝欢心。

《新唐书·李林甫传》载,李林甫对朝中大臣说,做臣子的,顺着明主说还来不及,怎能乱嚼舌根?你们没见那些仪仗马吗?它们不说话,却能享用三品的马料;叫一声就会被废斥不用,到那时候,后悔都来不及。

这就是李林甫的为官之道。

有些大臣果然在朝堂上顺着皇帝说,是是是,对对对,行行行,好好好,史称"由是谏诤路绝"。

"实事求是"是个好词,可惜玄宗做不到。

杜甫眼下所见,觉得与想象中的国都,有那么点不一样。

有轻裘肥马,有缊衣敝袍。

有团圆和乐,有离散悲号。

不要紧,他想,等他通过考试,为官上任了,他一定会向皇帝申明民间的呼声与疾苦,一定会革除敝政,使风俗淳。

但是,他落选了。

所有人都落选了。

所有人都惊恐,都茫然,都不知今夕何夕:我在哪儿?我怎么了?发生了什么?

考生年龄有大有小,操着不同的口音,天南海北地齐聚长安,莫不想凭一身本事,一朝得中,金榜题名。

却不知这就是一个大笑话。

因为这次的主考官是李林甫。

李林甫知道自己得罪的人多,在民间口碑很差,怕这些读书人被拔擢上来后,一个个愣头青似的,跑到圣上面前说他的过错。

——既然如此,那就一个也甭过了。

理由他都想好了,一朝揭榜,朝廷吃了一只大鸭蛋,李林甫反而兴冲冲地上表祝贺,圣上啊,这个结果实在太好了,这说明咱们朝廷已经把所有人才都网罗上来了,民间一个人才都没有了!"野无遗贤"!

真够荒唐的。

更荒唐的是,玄宗信了。

袍袖一挥,退朝了。

摆驾后宫,爱妃面容如花,言笑晏晏,一面叫着"三郎",一面迎了上来,那眉毛,那眼睛,那嘴唇,那柔荑,啧啧。

真好。

第三节
时代瞎了

天宝六载(747)发生的这场闹剧,被诗人元结记录在了《谕友》中:

> 天宝丁亥中,诏征天下士人有一艺者,皆得诣京师就选。相国晋公林甫以草野之士猥多,恐泄露当时之机,议于朝廷曰:"举人多卑贱愚聩,不识礼度,恐有俚言,污浊圣听。"于是奏:待制者悉令尚书长官考试,御史中丞监之,试如常例。已而布衣之士,无有第者。遂表贺人主,以为野无遗贤。

元结,字次山,号漫郎、聱叟,也是被"野无遗贤"的一个。

后来,元结于天宝十二载(753)进士及第。

安禄山叛乱的时候,他率族人避难于猗玗洞,自号猗玗子。

唐肃宗乾元二年(759),元结任山南东道节度使史翙幕的参谋,招募义兵,抗击史思明的叛军,保全十五城。

唐代宗时,元结任道州刺史,调容州,加封容州都督充本管经略守捉使,政绩颇丰。

唐代宗大历七年(772),元结入朝,同年卒于长安。

元结一生著有《元子》十卷、《文编》十卷、《新唐书·艺文志·猗玗子》一卷和《文献通考》,均流传于世,他所编的诗选《箧中集》也存世。

李林甫说野无遗贤。

他是瞎吗?

不是他瞎,是圣上瞎了。

整个时代都瞎了。

这件事,吹响了杜甫人生崩塌的号角。

他的父亲在奉节县令任上不久就去世了,家庭的经济状况一落千丈。

家产几个儿子分一分,杜甫也落不着什么。如果是在开元全盛时期,一斗米几文钱,吃饭基本上不会有问题。

但是——

朝廷连年用兵,兵员损耗严重,常常征丁补充。结果,壮丁越来越少,兵源越来越缺,只得扩大征丁的年龄范围,岁数过大的也要,岁数过小的也要。战斗力?不存在的。

过小的,是家庭的希望;过大的,是家庭的支柱。都给征走了,这日子怎么过?没人种地,收成越来越差,粮价越来越高。

而皇帝他老人家一顿饭多少个菜是有定例的,多少套衣服是有定例的,妃嫔的生活开销都是有定例的,不可削减。官员们的俸禄日日长,但还不够,还要贪污,要受贿。

高官大户家酒池肉林,夜夜笙歌,乡野百姓连菜饭都吃不饱,大冷天穿破衣裳不得活。

长安还是要待下去的,万一再有别的机会呢?

可是眼下要怎么活?

好吧,剩下一条路,就是投刺了。

杜甫最先想到的投刺对象是韦济。

韦济是宰相韦思谦的孙子，少时以文辞扬名，两个人天然地有一种家世上的亲近和认同。韦济比杜甫大得多，杜甫才几岁的时候，他就已经做县令了。

韦济在河南的时候，到过首阳山下的尸乡亭，找杜甫聊天聚会。

天宝七载（748），韦济由河南尹迁尚书左丞。到了长安，在和同僚聚会或者聊闲天时，他还夸杜甫诗写得好。

于是，杜甫写了一首诗——《赠韦左丞丈济》：

左辖频虚位，今年得旧儒。
相门韦氏在，经术汉臣须。
时议归前烈，天伦恨莫俱。
鸰原荒宿草，凤沼接亨衢。
有客虽安命，衰容岂壮夫。
家人忧几杖，甲子混泥途。
不谓矜余力，还来谒大巫。
岁寒仍顾遇，日暮且踟蹰。
老骥思千里，饥鹰待一呼。
君能微感激，亦足慰榛芜。

求推荐的意思表达得很明显。

但是没结果。

因为现在是李林甫的天下。

这些落第的举子都是有名册在录的，已经把你们挡在门外了，还想走别的渠道到皇上跟前告状吗？

就算李林甫想不到这一层,别的官员会想不到吗?巴结李林甫的人会想不到吗?

杜甫为求一口饭吃,奔走朱门,低声下气,拿着文卷到处投递。

朝臣看不起他,纨绔瞧不上他,他满腹牢骚不敢露,脸上硬挤出笑,去给他们当门下宾客。

平时陪着主人家说话聊天玩耍,吃饭的时候陪着喝酒吃肉,需要上阵的时候就提笔作诗充门面。

回到家里,米缸只余缸底,拿米勺刮一刮,沙啦啦响。

没办法,杜甫拿起破旧的布兜子出门了。

这个季节,野外生长的一些草药已经成熟了。

长安街头,一个中年男子,蓄着凌乱的胡须,头发也乱蓬蓬的,蹲在街边,守着一摊乱糟糟的野草药等人问价。

人们来来往往。他开始时还有些赧颜,但是渐渐地,就目光殷切地追随着过往行人,期待他们能买走他的药材,给他几文钱买米。

有时候,恰巧在饭点遇到朋友。人家问他吃过了没,他嘴上说着吃过了,肚子里一声响过一声。

朋友客气地说:"虽然吃过了,不过也尝尝我家的饭吧?"

于是他忸忸怩怩地前往。本来吃三碗才能吃饱的,但既然说是尝一尝,就吃上一碗半碗意思一下。

第四节
一包银子

日子一天比一天艰难,韦济这个救星是杜甫不愿意放弃的。

所以他起了个大早跑去找他。

但是韦老丈已经出了门,家里应门的奴仆见杜甫寒酸的神气和打扮,对他的问话睬睬不睬,只说:"去那边墙角候着吧。"

杜甫只好在墙角候了一会儿,冻得脚指头都疼。他的布鞋是妻子熬夜做成的,在他的奔走之下,大脚趾处眼看就要被杵出一个洞了。他虽然不愿再消耗这双鞋,但实在耐不住寒冷,只好起身在街上转了两圈,回来一看,韦左丞还没有回来。

而两个坐轿前来拜访的官员已经被奴仆放了进去。

好歹自己还戴着读书人的头巾呢,却被这样对待!

杜甫在墙角又等了一时,真是没有勇气再上前看看门奴仆的冷脸,但是这次他一定要见到韦老丈,因为他要回洛阳了,希望能够求来一些盘缠。

韦左丞的车马转过街角,嗒嗒的马蹄声越来越近。杜甫听在耳内,如闻纶音。

他迈步上前,长长地一揖到地,叫一声"老丈",眼泪差点儿掉下来。一个大男人,也不知道委屈的什么劲。他在心里暗暗地唾弃自己。

须发都白了的老人掀起轿帘:"子美,你怎么等在这里?快,进来说话。"

看门的奴仆低下头,双手并拢,并不敢多说一个字。

到了府中,韦济招待了早来等候的两位官员,也把杜甫拉到席上,大家吃茶闲话。等到他们走了,杜甫才跟韦济说明来意。

韦济二话不说,命人拿出一包银子送他。杜甫感激又惭愧,问韦老丈有没有笔墨,自己虽无物可送,但想写首诗奉赠。

韦济是特别欣赏杜甫的诗才的,当下命人展纸磨墨,杜甫一挥而就:

纨绔不饿死,儒冠多误身。丈人试静听,贱子请具陈。
甫昔少年日,早充观国宾。读书破万卷,下笔如有神。
赋料扬雄敌,诗看子建亲。李邕求识面,王翰愿卜邻。
自谓颇挺出,立登要路津。致君尧舜上,再使风俗淳。
此意竟萧条,行歌非隐沦。骑驴十三载,旅食京华春。
朝扣富儿门,暮随肥马尘。残杯与冷炙,到处潜悲辛。
主上顷见征,欻然欲求伸。青冥却垂翅,蹭蹬无纵鳞。
甚愧丈人厚,甚知丈人真。每于百僚上,猥颂佳句新。
窃效贡公喜,难甘原宪贫。焉能心怏怏,只是走踆踆。
今欲东入海,即将西去秦。尚怜终南山,回首清渭滨。
常拟报一饭,况怀辞大臣。白鸥没浩荡,万里谁能驯?
——《奉赠韦左丞丈二十二韵》

他说,富家子弟饿不死,可是戴着一顶读书人的帽子,就特别容易误终身。韦大人哪,您就听我说说话吧,我有好多的事想说给您听。

想当初我只是个小小少年,就充当了参观王都的来宾。我把一万卷书都给读烂了,写起文章来如有神助。

我的辞赋和扬雄比也不差，我的诗味与曹植相近。李邕都想跟我见面，王翰也愿跟我做邻居。

我自觉自个儿是个挺出色的人，所以立志要身居要津。我想辅助君王，使他的功业在尧舜之上，我想使风尚重新变得朴淳。

可是我的意愿落空，一路走一路歌，并不想退隐沉沦。骑驴行走十三载，寄食长安一春又一春。

早上敲过富人家的大门，晚上追随他们的车马，身上沾满灰尘。喝人家的残酒，吃人家的剩饭，处处都藏着悲酸苦辛。

被皇帝征召，我开心得不行，壮志终于能够展伸。可是青青天空，我的翅膀垂落，际遇坎坷，鲤鱼跃不过龙门。

您待我情厚，我知道您常常在百官面前推荐我的诗篇，夸它们格调清新，我好惭愧。

我想效法贡禹，被人提拔；像原宪一样清贫，我不甘心。我不想使内心烦闷忧愤，不前不后地厮混。

如今我要向东入海，离开西秦。我还是留恋终南山，也回头去看清澈的渭水之滨。

我想报答您的"一饭之恩"，想辞别关心我的大臣。白鸥出没在浩荡烟水，万里之间，谁能将它驯养？

杜甫的诗，已经有了"沉郁顿挫"的味儿了。

这是天宝七载（748）的事，杜甫才三十六岁。

读着他的诗，韦济一声长叹，什么也没说，也不敢说，只是留他吃饭。

他不肯，抱着这包银子，步履匆匆，奔出府门。

第五节
三大赋

杜甫回到首阳时,杨氏正在灶下做饭。听到动静,似是心有灵犀,她站起匆匆迎出。

杜甫也不说话,只是看着她,一层、一层、一层地把裹得紧紧的小包袱解开,里面露出白灿灿的几锭银子。

杨氏小心地摸上去,银子亮亮的。

这天晚上,餐桌上除了一碟小咸菜,还多了一盘熏猪头。妻子面目黄瘦,眼窝深陷,该给她补一补了。

可是,杨氏见他嘴唇发干,脸颊瘪瘪,先夹起一块肉往他嘴里塞。

—— 一说是天宝八载(749),杜甫回了洛阳小住。

作为顶门立户的男子汉,杜甫把房子做了一番修整,又特别主动地出去拾了一些干柴,供妻子烧锅做饭。

杜甫尚有几亩田地,虽饮食粗粝,但总不至于像在长安时那样,需要平地抠饼,对面拿贼。

只是夫妻两个都是官家出身,从没侍弄过田地,同样的地块,他们家的禾苗长得却如同稀稀拉拉的秃毛癞子。

而且杜甫穿着布衣短褐在田里扶犁而耕时,总会被各种各样的眼光扫视,旁人皆说这是老杜家的公子,如今落到这副田地,是个没本事的人。

想来想去,还是回长安。

玄宗老了。

人老了就会像山石土方一样,堆积垒叠起来的意识和观念越多,固化越严重,反应会变慢且迟钝,顽固而不愿变通。

玄宗像是被无数垂涎的狼狗拱围着的新鲜而老迈的肉,如果摸准了脾气,那么代价会小,回报会高。

对于一个老人来说,什么事情能讨他的欢心呢?

—— 一方面是肯定他的功业,一方面是找途径满足他延寿甚至长生的欲望。

天宝九载(750),一个叫王玄翼的道士神神秘秘地对玄宗说,他见到了黄帝,也见到了老子,还在宝仙洞里发现了一本秘籍,叫《庙宝真符》。

玄宗一听,赶紧派张筠去找,还真找到了——这中间可人为操作的地方太多了。

可是玄宗信了。

天宝十载(751)的正月初八、初九、初十,长安南郊,玄宗举行三大祭:祭天地、祭祖宗、祭老子。

张垍给杜甫出了一个主意,让他趁这个机会,献文作礼。

这一年,杜甫的长子宗文已经一岁。杜甫更疯狂了,养家糊口的任务重啊。

说起这个张垍,杜甫曾经写诗求过他。

> 翰林逼华盖,鲸力破沧溟。
> 天上张公子,宫中汉客星。
> 赋诗拾翠殿,佐酒望云亭。

紫诰仍兼绾，黄麻似六经。
内分金带赤，恩与荔枝青。
无复随高凤，空余泣聚萤。
此生任春草，垂老独漂萍。
倘忆山阳会，悲歌在一听。
——《赠翰林张四学士》

翰林的地位高高在上啊靠近帝座，势力之大有如鲸鱼破沧溟。

您是宰相张公的儿子，地位如同在天上；您是皇上的佳婿，住在皇宫中。

您在拾翠殿里奉旨作诗，在望云亭上陪君上饮酒。

您兼领制诰的重任，在黄麻纸上书写诰辞，谨严如同六经。

内侍奉旨给您颁发了赤金带，赏给您的鲜荔枝肉已甜软而皮儿翠青。

您是高梧上的凤凰，我哪有能耐追随攀附？只能像晋代车胤那样囊萤读书，因为贫苦而自泣自怜。

我这一辈子都勤奋苦读，任池塘春草青青；不料年纪老矣，却一事无成，身如漂萍。

倘若您还记得我们之间的亲密交往，就请听一听我唱的悲凉的歌。

张垍大约是没有提供什么实质性的帮助，但是给杜甫指了一条路。于是杜甫连熬数夜，制成《大礼赋》三篇，投入了延恩匦。

三大赋分别为：《朝献太清宫赋》《朝享太庙赋》《有事于南郊赋》。

骈四俪六，汩汩滔滔。文气错落，大珠小珠。

夸了天地夸老子，夸了老子夸祖宗，夸来夸去，夸的还是玄宗这个人。

玄宗看了奇之，命其待制集贤院。

这下,他可是出了大名。

学士们争着围着看他:"你就是杜甫?""你是杜子美?""那三篇大赋真是你写的?"

还有人酸溜溜地说:"你可真会挑时候、抓机会。"

还有人提前拉关系:"杜兄,我看你面貌清奇,文采斐然,咱们交个朋友?来日你我有了发展,互相提携提携。"

这是杜甫的高光时刻。

一辈子仅这么一次。

但是,他仍旧只能回去住他的小旅馆。

借着昏暗的灯烛,向成都(一说咸阳)、华原两县的友人诉苦:

> 赤县官曹拥才杰,软裘快马当冰雪。
> 长安苦寒谁独悲?杜陵野老骨欲折。
> 南山豆苗早荒秽,青门瓜地新冻裂。
> 乡里儿童项领成,朝廷故旧礼数绝。
> 自然弃掷与时异,况乃疏顽临事拙。
> 饥卧动即向一旬,敝衣何啻联百结。
> 君不见空墙日色晚,此老无声泪垂血。
>
> ——《投简咸华两县诸子》

第六节
命如线，国事乱

秋天，杜甫病倒了：

秋，杜子卧病长安旅次，多雨生鱼，青苔及榻。常时车马之客，旧雨来，今雨不来。……我弃物也，四十无位，子不以官遇我，知我处顺故也。……

他蜷居在小破旅馆里，小水坑里居然有了小鱼，青苔都漫上了床榻。

朱门大户门前，尽管久雨，道路泥泞，但那些读书人却像看不见泥泞似的争着去拜望。

杜甫悲哀地想，我抱病卧于穷巷之中，家门前更加泥泞，更是无人前来。

后来，杜甫挺过来了，他去朋友王倚家做客，王倚招待他喝酒，他送了人家一首诗：

麟角凤嘴世莫识，煎胶续弦奇自见。
尚看王生抱此怀，在于甫也何由羡。
且遇王生慰畴昔，素知贱子甘贫贱。
酷见冻馁不足耻，多病沈年苦无健。
王生怪我颜色恶，答云伏枕艰难遍。

疟疠三秋孰可忍，寒热百日相交战。
头白眼暗坐有胝，肉黄皮皱命如线。
唯生哀我未平复，为我力致美肴膳。
遣人向市赊香粳，唤妇出房亲自馔。
长安冬菹酸且绿，金城土酥静如练。
兼求富豪且割鲜，密沽斗酒谐终宴。
故人情义晚谁似，令我手脚轻欲漩。
老马为驹信不虚，当时得意况深眷。
但使残年饱吃饭，只愿无事常相见。

——《病后遇过王倚饮赠歌》

转过年来，杜甫到中书堂应试，李林甫出题，集贤院的学士们监考。通过这次考试，杜甫获得了"参列选序"的资格。

也就是说，资料已经记录在册了，哪儿的官员有缺，就去哪儿补。

今年缺，还是明年缺？天知道。

就算缺了，一个缺口对应的候选官不知道有多少，要拿钱去买补缺的资格，钱呢？

或者有人脉也行，人呢？

再说，李林甫怎么可能让杜甫当官，这不是打自己嘴巴吗？

又没戏了。

一些人因为三大赋的原因，曾经以为杜甫的前途不可限量，都争着和他拉关系。可是，杜甫并没有像他们料想的那样一飞冲天，所以那些人便渐次散去。

翻手为云覆手雨,

纷纷轻薄何须数?

君不见管鲍贫时交,

此道今人弃如土。

——《贫交行》

人就是这么现实。

朝堂上,神仙打来打去。

天宝十一载(752),南诏寇边,剑南告急。

当时,杨国忠兼任剑南节度使,李林甫想把杨国忠弄出朝廷去,于是奏请玄宗,建议让杨国忠到剑南赴任。

杨国忠一听吓哭了:"臣一旦离朝,必为李林甫所害。"

唐玄宗安慰他:"你暂且先到剑南处理军务,朕很快就会召你回来,让你当宰相。"

这可把李林甫气坏了:为什么要让他当宰相?我才是宰相啊!我为皇上出过力,我为皇上流过血!

这一气给气病了。

就在李林甫病得起不来的时候,刚到剑南的杨国忠就真的被唐玄宗召回朝中了——杨玉环是玄宗的枕边人,玄宗不把人召回来,玉环饶不了三郎,小粉拳捶你胸口。

杨国忠回来后,拜在李林甫的病床前。李林甫流泪,对杨国忠说:"我很快就要死了,你一定会继任宰相,我的后事就托付给你了。"

杨国忠吓得汗流满面,连称不敢。

这年的十一月,李林甫病逝。不久,杨国忠拜相。

这个口有蜜而腹有剑的标准样板去世后,对他的反攻疯狂开始了。

杨国忠和安禄山商量着诬告李林甫谋反。

当时,李林甫还没下葬,被削去了官爵,抄没了家产。他的儿子们被除名流放岭南、黔中,亲党中有五十余人被贬。他的棺木也被唐玄宗命人劈开,挖出他口内含珠,剥下他的金紫朝服,改用小棺,以庶人之礼,葬在长安城外乱葬岗。

一生机关算尽,也不过一座乱草荒坟。

若是真的比较起来,李林甫还是有政治手腕的,起码在驾驭大唐这驾马车的时候,有抖缰拉马的手段。

杨国忠没有。

但是,他是爱妃的哥哥,还有什么不放心的呢?

于是,明皇把国政扔给大舅哥,自己带着小媳妇拼命玩。

在长安待腻了,就去华清宫。

在华清宫待腻了,又跑去洛阳。

政事怎么办?好办。

怎么选才纳士?问国忠。

怎么平衡朝堂?问国忠。

怎么用人?问国忠。

怎么选才纳士?国忠说,给我钱。

怎么平衡朝堂?国忠说,依附我。

怎么用人？国忠说，吹我捧我者用。

新官新气象。

国事越来越乱了。

第四章 蹉跎岁月

第一节
兵车行

《资治通鉴》载,杨国忠接任右相后,"欲收人望,建议'文部选人,无问贤不肖,选深者留之,依资据阙注官'。滞淹者翕然称之。国忠凡所施置,皆曲徇人所欲,故颇得众誉"。

——选官的时候,不问能不能干,只是论资排辈。谁等的时间长,谁就能先得官。

替杨国忠推行这一政策、拼命宣传造势的,是刚调到长安任京兆尹的鲜于仲通。

杜甫也等了好久了呀。

但是,他却没有参选的资格。杨国忠让胥吏预定任官名单,这就相当于诏告天下:想得官的,快来贿赂我呀,价高者得。

杜甫没钱,所以他给鲜于仲通写诗——《奉赠鲜于京兆二十韵》。

诗中先是夸赞鲜于仲通"王国称多士,贤良复几人?异才应间出,爽气必殊伦"。后又揭露李林甫的倒行逆施——李林甫善于玩弄阴谋诡计,专权跋扈。我一介书生受他的忌妒和陷害,生活辛酸异常:

> 破胆遭前政,阴谋独秉钧。
> 微生沾忌刻,万事益酸辛。

最后表明目的,希望鲜于仲通援引,若能够不饿死,一定会报恩:

> 交合丹青地,恩倾雨露辰。
> 有儒愁饿死,早晚报平津。

李林甫活着的时候,大家伙儿跟鹌鹑似的,什么都不能说、不敢说。
李林甫死后,杜甫终于敢说了。

天宝十载(751)至天宝十一载(752),唐朝出兵南诏,大败,六万将士阵亡。

吃了败仗,兵源需要补充,百姓今天被征役,明天被征役。实在征不上来,杨国忠就派人去抓,抓来披枷戴锁送进军队。

这天,杜甫一路闲行,见前方烟尘滚滚,哭声阵阵,近前一看,原来是在征丁。

男人也哭,女人也哭,儿子也哭,爹娘也哭。

> 车辚辚,马萧萧,行人弓箭各在腰。
> 爷娘妻子走相送,尘埃不见咸阳桥。
> 牵衣顿足拦道哭,哭声直上干云霄。
> 道旁过者问行人,行人但云点行频。
> 或从十五北防河,便至四十西营田。
> 去时里正与裹头,归来头白还戍边。
> 边庭流血成海水,武皇开边意未已。
> 君不闻汉家山东二百州,千村万落生荆杞。

纵有健妇把锄犁，禾生陇亩无东西。
况复秦兵耐苦战，被驱不异犬与鸡。
长者虽有问，役夫敢申恨？
且如今年冬，未休关西卒。
县官急索租，租税从何出？
信知生男恶，反是生女好。
生女犹得嫁比邻，生男埋没随百草。
君不见青海头，古来白骨无人收。
新鬼烦冤旧鬼哭，天阴雨湿声啾啾！
——《兵车行》

看了一通这样的惨象，杜甫继续蔫头耷脑地往前走。

骄阳当空，数月未见一滴雨落，河中水干见底。若是再这样旱下去，说不定会引发旱灾，进而招来蝗虫。蝗虫铺天盖地地飞过，什么都不剩了。

若是热气蒸腾集聚，下一场冰雹或者刮两场大风，原本就摇摇落落的庄稼，又会被拦腰吹折。

明明看见了民间的苦，但以诗文投赠达官显贵的时候，却不能写。写了，这些人说不定会问出"何不食肉糜"的傻话。

好难啊。

第二节
前出塞

杜甫已经摆脱了世家子的眼界和习气,由衷地理解贫苦。
真正知道了百姓苦,写起诗来就收不住了,一气写了《前出塞》九首。

> 戚戚去故里,悠悠赴交河。
> 公家有程期,亡命婴祸罗。
> 君已富土境,开边一何多。
> 弃绝父母恩,吞声行负戈。

士兵抛父别母,哭又不敢哭,背着兵刃奔赴长途。

> 出门日已远,不受徒旅欺。
> 骨肉恩岂断,男儿死无时。
> 走马脱辔头,手中挑青丝。
> 捷下万仞冈,俯身试搴旗。

一边走着,一边还是想亲人骨肉。可想也无用,只能豁命练习武艺,上了战场。

> 磨刀呜咽水,水赤刃伤手。
> 欲轻肠断声,心绪乱已久。
> 丈夫誓许国,愤惋复何有!
> 功名图麒麟,战骨当速朽。

士兵有血有肉,怎么会没有所思所想!

他们的心绪烦乱不堪,一时高昂起来,要为国捐躯;一时又低迷下去,觉得死了也没什么价值。

> 送徒既有长,远戍亦有身。
> 生死向前去,不劳吏怒嗔。
> 路逢相识人,附书与六亲。
> 哀哉两决绝,不复同苦辛。

可怜的士兵,一边经受着与亲人生离的苦痛和随时战死的恐惧,一边还要忍受官吏的欺压和催逼。

好不容易遇上一个认识的人,赶紧请人家替他给亲人捎封书信。

一边写,一边流泪,因为他不知道亲人正经受什么样的苦痛和辛酸,亲人也不知道他正经历什么样的苦痛辛酸。

> 迢迢万余里,领我赴三军。
> 军中异苦乐,主将宁尽闻。
> 隔河见胡骑,倏忽数百群。
> 我始为奴仆,几时树功勋。

走了一万多里,才到了军队。可是到了又怎样呢?

本来想着能够立下战功的,也能够看见胡人的骑兵,但是干的却是奴仆的活计,空有雄心壮志。

> 挽弓当挽强,用箭当用长。
> 射人先射马,擒贼先擒王。
> 杀人亦有限,列国自有疆。
> 苟能制侵陵,岂在多杀伤!

士兵觉得,与其大加杀戮,不如擒住敌人的头领。这样一来,敌人就不会侵略我们了,何必非要死伤那么多人?

——不得不说,杜甫秉性温厚,是个标准的儒家子弟,骨子里没有狼性。

何谓胡人的胜利?我的马踏过的土地就是我的土地,我的头颅要枕在异族女人的胸膛上。

如果像杜甫这样的人多了,战斗力确实会弱。这个没办法,思想意识是真的会决定战斗力的。

> 驱马天雨雪,军行入高山。
> 径危抱寒石,指落层冰间。
> 已去汉月远,何时筑城还?
> 浮云暮南征,可望不可攀。

天寒地冻,士兵要在高山上筑城,还要忍着寒冷戍守,苦况万端。

　　单于寇我垒，百里风尘昏。
　　雄剑四五动，彼军为我奔。
　　掳其名王归，系颈授辕门。
　　潜身备行列，一胜何足论。

士兵终于立功了，不过他觉得立这一次功还不行，要再多立一些功。

　　从军十年余，能无分寸功。
　　众人贵苟得，欲语羞雷同。
　　中原有斗争，况在狄与戎。
　　丈夫四方志，安可辞固穷。

一晃眼，十多年过去了，功是立了一些，但是，没得到什么封赏。不过，气节仍在，还想着为国守边。

一个哭哭啼啼的辛酸少年，在杜甫的诗里，一步步长成有担当的男子汉。读这组诗，像在看一场电影。

杜甫自己也很矛盾。

他不想百姓被强征入伍，又觉得一旦入伍从军，士兵还是要以建立军功为先。虽然军队中有种种乱象，可是他觉得还是要以报国为重。

他的矛盾其实缘于两个标准：一个是为国，一个是为民。

为国就不能为民，为民就不能为国。当为国和为民的两个标准不能统一，甚至背离时，这个社会一定是出了很大很大的问题。

第三节
丽人行

十年光阴倏忽过。

三月初三上巳节。

女子描眉、涂朱、贴面花儿和额黄，穿大袖宽袍，衣带飘飘；男子也个个扮成俊雅的贵公子模样，衣带上系着玉璜或者玉玦，期盼着能够相中一个女郎。

车轿簇簇，人行纷纷，都往曲江池去了。

曲江池在长安城东南角，水域千亩，流水曲折，秦时为宜春苑，汉时为乐游原。长安人家，每逢春季节日，比如二月二、三月三，便会来此赏花踏青，中午就在曲江池边野餐。

平民也来，达官显贵也来，皇帝也来。曲江池的北岸建有行宫，皇帝会登上宫内的高台往下看，还让人朝叩拜的人群撒钱。人们一边拾钱，一边高呼万岁。

杜甫虽生活窘困，但是每到三月初三，仍会来曲江踏青赏春。

这次，正巧遇上大贵人。

　　三月三日天气新，长安水边多丽人。
　　态浓意远淑且真，肌理细腻骨肉匀。
　　绣罗衣裳照暮春，蹙金孔雀银麒麟。
　　头上何所有？翠微盍叶垂鬓唇。

背后何所见？珠压腰衱稳称身。

就中云幕椒房亲，赐名大国虢与秦。

紫驼之峰出翠釜，水精之盘行素鳞。

犀箸厌饫久未下，鸾刀缕切空纷纶。

黄门飞鞚不动尘，御厨络绎送八珍。

箫鼓哀吟感鬼神，宾从杂遝实要津。

后来鞍马何逡巡，当轩下马入锦茵。

杨花雪落覆白蘋，青鸟飞去衔红巾。

炙手可热势绝伦，慎莫近前丞相嗔！

——《丽人行》

三月三日正阳春，空气多么清新啊。长安的曲江池畔，来了好多的美人。

她们姿态端庄而神情高远，肌肤丰润细腻、骨肉停匀。

她们穿的绫罗衣裳照亮了暮春风景，上面有用金丝绣的孔雀，有用银丝刺的麒麟。

看，她们头上是什么？原来是翡翠做的花饰。

看，她们背后是什么？原来是珠络，特别合身。

里面还有后妃的贵戚，圣上赐她们为虢国夫人和秦国夫人。

精美的炊具里是紫驼峰，水晶盘子里是鲜美的白鱼。

她们拿着犀角筷子久久不动，因为她们早已经吃腻。厨师们快刀细切，空忙一顿。

宦官骑马飞驰，不曾扬起灰尘；御厨手段高妙，络绎送来八珍。

箫鼓哀婉吟鸣，可使鬼神感动；宾客随从错杂落座，都是达官贵人。

有一个骑马的官人来得晚了，轩前下马，直入铺了锦绣毯子的帐中。

杨花如同白雪飘落,覆盖白色的浮萍,青鸟飞去衔起地上的红巾。

权势无与伦比,如同炙手烈焰,不要往前走了,小心被丞相怒嗔。

这是多么娇贵体面的一家人——如烈火烹油,如鲜花着锦。

而杜甫像一缕无主游魂,游荡在春光里,看着天上人间的别样繁华。此时,他已经穷困得不行了。

这首诗大约作于天宝十二载(753)。这一年,杜甫的次子宗武出生,躺在土炕上,裹着破布片。

转过年来,到天宝十三载(754),长安一连六十多天阴雨连绵,房屋倒塌,庄稼遭灾,几乎颗粒无收。

《旧唐书》载,这年秋天,"霖雨积六十余日,京城垣屋颓坏殆尽,物价暴贵,人多乏食"。

玄宗担忧大雨会伤害庄稼,杨丞相便派人去地里搜寻长得好的庄稼,拿给玄宗看:"虽然今年雨水大,但是对庄稼没啥妨碍。"

玄宗信了。

> 扶风太守房琯言所部水灾,国忠使御史推之。是岁,天下无敢言灾者。

房琯说他管辖的区域遭了水灾,杨国忠便派御史去责怪他。于是这一年没有人敢说闹灾了。

这是真事,记载在《资治通鉴》里的真事。

第四节
多么痛的领悟

杜甫在天宝十三载（754）这一年，把家眷接到了长安。朋友资助他在长安南郊的少陵原上盖了几间土房。茅草搭一搭，有窗有门，美其名曰草堂。

按照冯至先生的说法，也有可能是在天宝十载（751）就筑室以居了，只不过没有接来家眷：

> 751年（天宝十载）以前，杜甫在长安和长安附近流浪，并没有一定的寓所，居住的多半是客舍。751年以后，他的诗里才渐渐提到曲江，提到杜陵，他的游踪也多半限制在城南一带。……由"寸步曲江头"和"贫居类村坞，僻近城南楼"那样的诗句我们可以揣想，杜甫在751年后已经在曲江南、少陵北、下杜城东、杜陵西一带地方有了定居，并且此后也起始自称为"少陵野老""杜陵野客"或"杜陵布衣"。至于他的妻子从洛阳迁到长安，大半在他有了定居以后，754年的春天。
>
> 他的长子宗文可能生于750年，次子宗武生于753年的秋天，至于后来在奉先饿死的幼儿，这时还没有降生。

在汉代，少陵原其实被称作鸿固原；后来，汉宣帝建杜陵于此，亦称杜陵原；汉宣帝的许皇后死后葬在杜陵南，陵墓较小，被称为小陵。古代"少""小"

二字通用，所以就有了少陵原的叫法。

所以，杜甫也被人称作杜少陵。

杜甫不在长安找门路的时候，就回他安在少陵原的家。

杜甫才四十来岁，就已经显得很老了，皱皱的脸皮层层叠着，抬头纹很深，因为时常蹙眉，眉间起了两道深沟。颔下胡须零乱，顾不上打理。

长子宗文在房前的土泥地上玩耍，因为吃得不好，也不是很有精神。次子宗武还是不足周岁的小婴儿，躺在土炕上酣眠。

若是按照杜甫的幼子不久即在奉先饿死的情节来推算，此时杨氏或许已经怀有身孕了。

妻子系着粗布围裙在灶前忙碌，他紧趋两步，蹲在灶前添柴。

妻子一见是他，不由得笑了起来，问他："回来啦？"

日子过得饥一顿饱一顿的，不仅杜甫瘦，妻子也瘦得脸儿黄黄，长发散乱，只用荆条枝当钗绾在后脑。

恰在此时，朋友韦侍御造访。妻子刚煮好一锅稀粥，准备每人喝两碗。可是朋友来了，杜甫便从炕席底下拿出最后的几枚铜钱，吩咐孩子快跑去附近的市集上打一瓯子薄酒，再让妻子拌一盘下酒的小野菜。

两人喝起酒来，杜夫人行过礼，便带着孩子到屋里玩了。宗文手中攥着一个咸鸭蛋，用舌尖一点一点地舔。

韦侍御走后，天还没黑，他的太太又坐着车轿来了。杜甫纳闷儿，请夫人出来接待。韦太太打开手中的蓝布包，里面是一副银簪环，说是家里多余一套，自己也戴不着，送给杜夫人，休嫌简慢。

杜甫心中惭愧，又倍觉心酸。

可是，就连这样的日子都过不下去了。绵延两个多月的霖雨，下得他房倒屋塌。长安的物价暴涨，实在活不下去了。

算了，把老婆孩子送走吧。奉先的县令姓杨，和妻子的娘家沾点亲。送他们到那里，当比在这里过得好一些。

于是，就在这一年，他又把妻儿送到了奉先。这时候，杜甫的舅舅崔顼正任白水尉，白水是奉先的邻县。

至于杜甫，真是无处可去，总不能也寄居到别人家。

对于一个手无缚鸡之力的书生来说，生存是蛮难的一件事。相较来说，长安的机会还多一些。再说了，他还挂着名等官职出缺呢。

愁闷极了，就出门会会朋友。

长安这么大，杜甫也是有朋友的。

比如岑参，比如高适，比如郑虔。

岑参从天宝八载（749）起，就在安西四镇节度使高仙芝的幕府任书记。天宝十载（751）秋天，随高仙芝来到长安。

高适和杜甫、李白分别后，也是到处找出路，后来在河西节度使哥舒翰的幕府做了书记。天宝十一载（752）下半年，哥舒翰入朝，他也跟着来了长安。

杜甫、岑参、高适等文人墨客就这么因缘际会地凑到了一起。天宝十一载（752），他们同登慈恩寺塔，各有题咏。

杜甫写得既豪迈又现实：

高标跨苍穹，烈风无时休。
自非旷士怀，登兹翻百忧。

....

黄鹄去不息,哀鸣何所投?

君看随阳雁,各有稻粱谋。

再也不能像以前一样裘马清狂了,人人都要为饭碗奔忙,啊,多么痛的领悟。

第五节
又没戏了

杜甫与郑虔有很深的交情。

郑虔是唐代著名的书画家。杜甫来长安找路子,到处碰壁。郑虔也是。

最后,郑虔靠写诗献画,得任广文馆博士和著作郎,杜甫则因为向玄宗献三大赋而得以待制集贤院。

郑虔生于武则天天授二年(691),比杜甫大二十一岁,两个人是标准的忘年交。

杜甫初遇郑虔,是在天宝九载(750)。

天宝十二载(753),郑虔的旧友何将军邀他游赏园林,郑虔带杜甫同往,几个人喝酒喝得很开心,玩得也很开心,这里坐坐,那里坐坐,看绿树周垂,雨后红梅开。

> 幽意忽不惬,归期无奈何。
> 出门流水住,回首白云多。
> 自笑灯前舞,谁怜醉后歌。
> 只应与朋好,风雨亦来过。
> ——《陪郑广文游何将军山林·其十》

天宝十三载(754)春天,杜甫又写了一首《醉时歌》:

诸公衮衮登台省,广文先生官独冷。
甲第纷纷厌粱肉,广文先生饭不足。
先生有道出羲皇,先生有才过屈宋。
德尊一代常坎坷,名垂万古知何用。
杜陵野客人更嗤,被褐短窄鬓如丝。
日籴太仓五升米,时赴郑老同襟期。
得钱即相觅,沽酒不复疑。
忘形到尔汝,痛饮真吾师!
清夜沉沉动春酌,灯前细雨檐花落。
但觉高歌有鬼神,焉知饿死填沟壑!
相如逸才亲涤器,子云识字终投阁。
先生早赋归去来,石田茅屋荒苍苔!
儒术于我何有哉?孔丘盗跖俱尘埃!
不须闻此意惨怆,生前相遇且衔杯。

心里话说得真诚而急切,杜甫把老先生当成了莫逆之交。

此时的广文馆博士郑虔,俸钱只有一万三千钱,不够吃饭。

《尚书故实》中载,郑虔学习书法时苦于没钱买纸,得知慈恩寺有柿树叶堆积了几间屋子,便借僧房居住。每天在柿树叶上练习书法,时间长了,竟写遍了寺中所积的柿树叶。

广文到官舍,系马堂阶下。
醉则骑马归,颇遭官长骂。

才名四十年，坐客寒无毡。

赖有苏司业，时时乞酒钱。

——《戏简郑广文虔兼呈苏司业源明》

郑广文老先生到了官署，将马系在厅堂前的台阶下。喝醉后骑马归去，被考勤的官长责骂。他的才名已经传扬了四十年，可是天冷了也没有铺毡垫。还好有主管苏司业，常常给他买酒钱。

郑虔在广文馆的宿舍被雨淋坏了，有司也不给他修，他只好"寓治国文馆"。

一对难兄难弟。

天宝十三载（754）初，岑参又做了安西北庭节度使封常清的判官，于是，他再度出塞，去了北庭。

杜甫还想顺路去拜访他，可是下着雨，道路泥泞，实在出不去门，只好写诗以寄：

出门复入门，两脚但如旧。

所向泥活活，思君令人瘦。

沉吟坐西轩，饮食错昏昼。

寸步曲江头，难为一相就。

吁嗟呼苍生，稼穑不可救。

安得诛云师，畴能补天漏。

……………

——《九日寄岑参》

这时，杜甫的朋友们都已纷纷寻到了别的出路，参军也好，入幕府也罢，都是可以博功名的。

后来高适当了刺史、节度使。

岑参也做到了刺史。

送走了妻儿，杜甫想着，要不，去参军试试？

好吧，继续投诗，这次是投给哥舒翰的，狂吹"彩虹屁"：

> 今代麒麟阁，何人第一功。
> 君王自神武，驾驭必英雄。

然后卖卖惨：

> 壮节初题柱，生涯独转蓬。
> 几年春草歇，今日暮途穷。

最后希望哥舒翰能够慧眼识人：

> 军事留孙楚，行间识吕蒙。
> 防身一长剑，将欲倚崆峒。

——您让孙楚一类的人才留在幕府，又在行伍中提拔吕蒙这样的将领。我的身上佩着一柄长剑，想投到您的帐前展一展我的风采。

杜甫郑重其事地把这首诗托人转交给将军，可是，哥舒翰却病了，重病。

又没戏了。

第六节
不当县尉

天宝十三载(754),杜甫故技重施,进献了《封西岳赋》和《雕赋》。

《封西岳赋》仍在歌功颂德,因为他已经是在政府备过案的候补官员了,所以他有资格自称为"臣":

> 臣甫舞手蹈足曰:"大哉烁乎!真天子之表,奉天为子者已。不然,何数千万载独继轩辕氏之美?彼七十二君又畴能臻此?盖知明主圣罔不克正,功罔不克成,放百灵,归华清。"

到了《雕赋》,就开始裸露心声了:

> 当九秋之凄清,见一鹗之直上。以雄才为己任,横杀气而独往。梢梢劲翮,萧萧遗响。杳不可追,俊无留赏。彼何乡之性命,碎今日之指掌。伊鸷鸟之累百,敢同年而争长。此雕之大略也。

就是这么大、这么有能耐的一只雕。

它如果能够得用,必鞠躬尽瘁。它的本事,可不是徒然占据高位的黄鹄和没本事高飞的学鸠能比的。

用它吧,不要让没本事的小鸟在金殿分食鲜肉,而让它老死在山窟。

他没有钱,即或有官缺也轮不到他,他只能通过这种方式,用他的不要钱的文字想办法为自己蹚出一条路。

结果,石沉大海。

杜甫有一个族孙,叫杜济,杜甫有时会去他家走动一下。

实在是肚皮比天大,能食一餐饭也是好的。

可是去得多了,就招嫌弃了。嘴上也说不出什么,但是,会弄出点动静,比如打水的时候,弄得水桶叮叮咣咣地响。

杜甫本就心虚,这时更是坐立不安。

有时,杜济的家人到园中砍菜时会抡起刀胡砍一气,像是在泄平白被人蹭饭的郁气。

杜甫不能不伤心。

> 平明跨驴出,未知适谁门。
> 权门多噂𠴲,且复寻诸孙。
> 诸孙贫无事,宅舍如荒村。
> 堂前自生竹,堂后自生萱。
> 萱草秋已死,竹枝霜不蕃。
> 淘米少汲水,汲多井水浑。
> 刈葵莫放手,放手伤葵根。
> 阿翁懒惰久,觉儿行步奔。
> 所来为宗族,亦不为盘飧。
> 小人利口实,薄俗难可论。

> 勿受外嫌猜，同姓古所敦。
> ——《示从孙济》

天亮后我骑驴出门，本来是打算遛弯儿的，也没定准要上谁家。

权贵人家礼数太多，会费我的口舌，所以我便来找我的孙儿们了。

我的孙儿们日子都过得难，房屋简陋如置身于荒村。

堂前生着野生的竹子，屋后长着野生的萱草。

萱草已经枯死，竹枝遇霜也已凋零。

杜济啊，你淘米时要少打水，水打多了井水就会变浑。

割葵时不要放手去砍，乱砍会伤了葵根。

阿翁我懒散惯了，今日却搞得你手忙脚乱。

我这次来是为密切宗族情谊，不是为了你的一顿饭。

小人长于搬弄是非、挑拨离间，这种不好的风俗咱也没办法详谈。

你不要听信外人的闲言而嫌弃猜忌我，古人一向看重宗族同姓的亲密和善。

——实话实说，谁家里来一个空手吃白饭的，都烦。人们讲究的是礼尚往来，你什么也给不了我，我凭什么给你呢？就因为都姓杜吗？

杜甫这诗写得看似谐谑，又似正经，一方面是训示，一方面是辩解。训示也训示得理不直气不壮，辩解也辩解得黑不黑白不白。

穷在闹市无人问。

这年八月，陈希烈罢相，杨国忠推荐韦见素接任。

韦、杜两家是世交，杜甫又觉得有希望了，他给韦见素写了一首二十韵的长诗。还是一样的套路：

独步才超古，余波德照邻。
聪明过管辂，尺牍倒陈遵。
岂是池中物？由来席上珍。
庙堂知至理，风俗尽还淳。
才杰俱登用，愚蒙但隐沦。

又说自己好开心：

感激时将晚，苍茫兴有神。
为公歌此曲，涕泪在衣巾。

也不知道是不是因为这首诗，反正天宝十四载（755）十月，杜甫被授予了河西县尉的官职。

官阶从九品，主管一县治安。

很不错了。

高适也在封丘当过县尉，还写过一首诗，里头有一句名句：

拜迎长官心欲碎，鞭挞黎庶令人悲。

——来个长官，你要拜迎，要巴结，要看人家的脸色，要把尊严往人家脚底下送。

对于平头百姓来说，你又是个官，要动鞭子、施刑杖，打得人哇哇哭、嗷嗷叫。

自尊心强的干不来，心不狠手不黑的干不来。

高适也觉得干不来，杜甫也觉得干不来。

所以好容易得来的一个小官，又被他给拒了。

然后，杜甫当了另外一个小官：右卫率府胄曹参军。任务是看守兵甲器仗，管理门禁锁钥，正八品下。

这个没问题，他上任去了，还挺满足：

> 不作河西尉，凄凉为折腰。
> 老夫怕趋走，率府且逍遥。
> 耽酒须微禄，狂歌托圣朝。
> 故山归兴尽，回首向风飙。
> ——《官定后戏赠》

反正对于他来说，这样的日子还是不错的，手里攥一大把钥匙，军爷们叫他开门他就开门，领什么武器他就做什么记录，没别的事。

此时的杜甫，已经四十三岁。

第七节
路倒尸,儿饿死

有了工作的杜甫,起程去奉先探亲,也给老婆孩子报喜。

安禄山起兵是在十一月初八。估计杜甫在路上的时候,或者更早几天,安禄山就已经反了。

只是杜甫不知道。

他只想着,妻子怎么样了,幼子有没有吃胖一些,刚生下来时和小猫一样。

风寒刺骨,呵气成霜,穿得又薄,衣带还断了,手指冻僵的他说什么也系不上。

杜甫虽然才四十多岁,但已经和老头子没什么两样了。他就这样跌跌跄跄地顶着寒风,奔波在出了城后愈显荒凉的路上。

杜甫从骊山脚下走过,此时玄宗正在温泉池子里泡着驱寒,他已经老了,不知道怜恤自己的子民。

老百姓的日子一天比一天难过,到处在征役,赋税繁重。这些玄宗都不知道,他的大臣们哄他说老百姓一切安好。

既然一切安好,那么多征些税有什么不可?将从百姓骨头上刮下来的油,分给这个,分给那个,然后听受封的人对自己唱赞歌,耳边整天回荡着皇恩浩荡,真浩荡呀!

杜甫看到的却是一具具冻毙在路边的尸体,蜷曲僵硬,身上盖雪,苍白的面容对着灰白的天空。

路上行人稀，见者皆掩眉。

——谁也不敢保证自己不会是下一个路倒尸。

渡过渭水，到了奉先，进了家门。刚要喊出来的一句"我回来了"被噎在喉咙，杜甫听见了妻子的哭声。

杜甫的心咚咚直跳，腿软得抬不起来，又急匆匆地想要进门，差点儿被门槛绊倒，向前踉跄着冲了几步才站稳。

妻子的怀里抱着幼子，小小的娃娃全无生气，细胳膊细腿儿，晃晃荡荡。

他死了。

饿死了。

邻居们围拢过来，一个个满脸菜色。

邻居想接过孩子用草席卷卷安葬——老杜家根本买不起一口薄棺，可是无论谁上手，都无法将婴孩儿扯出娘的怀抱。

无奈杜甫伸手，把孩子轻轻地抱了过来，他又饿又累，腿软得站不住，抱着孩子一屁股坐在了冰凉的地上。

孩子被埋了，埋在村外的乱坟岗。一家人谁也没有张罗吃饭，簸箩里还有邻居给的几个干菜团。

天色黢黑，家贫无油，不能点灯。一家人躺在没有温度的土炕上，幼子的惨相和杜甫在路上遇见的尸体重叠，他头一次这样愤怒。

他是真的，真的，要忍不下去了！

——你们这些当官的、做宰相的、有钱有势的，知不知道穷人过的是什么日子？

皇帝，你听没听见百姓家里经年不绝回荡着的哭声？

他翻身坐起。

杜陵有布衣,老大意转拙。许身一何愚,窃比稷与契。
居然成濩落,白首甘契阔。盖棺事则已,此志常觊豁。
穷年忧黎元,叹息肠内热。取笑同学翁,浩歌弥激烈。
非无江海志,潇洒送日月。生逢尧舜君,不忍便永诀。
当今廊庙具,构厦岂云缺。葵藿倾太阳,物性固莫夺。
顾唯蝼蚁辈,但自求其穴。胡为慕大鲸,辄拟偃溟渤。
以兹误生理,独耻事干谒。兀兀遂至今,忍为尘埃没。
终愧巢与由,未能易其节。沉饮聊自遣,放歌破愁绝。
岁暮百草零,疾风高冈裂。天衢阴峥嵘,客子中夜发。
霜严衣带断,指直不得结。凌晨过骊山,御榻在嵽嵲。
蚩尤塞寒空,蹴踏崖谷滑。瑶池气郁律,羽林相摩戛。
君臣留欢娱,乐动殷樛嶱。赐浴皆长缨,与宴非短褐。
彤庭所分帛,本自寒女出。鞭挞其夫家,聚敛贡城阙。
圣人筐篚恩,实欲邦国活。臣如忽至理,君岂弃此物。
多士盈朝廷,仁者宜战栗。况闻内金盘,尽在卫霍室。
中堂舞神仙,烟雾散玉质。煖客貂鼠裘,悲管逐清瑟。
劝客驼蹄羹,霜橙压香橘。朱门酒肉臭,路有冻死骨。
荣枯咫尺异,惆怅难再述。北辕就泾渭,官渡又改辙。
群冰从西下,极目高崒兀。疑是崆峒来,恐触天柱折。
河梁幸未坼,枝撑声窸窣。行旅相攀缘,川广不可越。
老妻寄异县,十口隔风雪。谁能久不顾,庶往共饥渴。
入门闻号咷,幼子饥已卒。吾宁舍一哀,里巷亦呜咽。

所愧为人父，无食致夭折。岂知秋禾登，贫窭有仓卒。
生常免租税，名不隶征伐。抚迹犹酸辛，平人固骚屑。
默思失业徒，因念远戍卒。忧端齐终南，澒洞不可掇。

——《自京赴奉先县咏怀五百字》

杜陵有我这么一个布衣，年纪越大，越觉不合时宜。我对自己的要求多么痴愚，竟偷偷与稷、契相比。

我生活破落，头发都白了，仍辛辛苦苦，不肯休息。因为志向改动不得，人死了这事才算罢了。

我一年到头都在为百姓发愁叹息，心里就像着了火。同辈先生哪个不把我取笑，可我仍大声高歌，毫不泄气。

我并不是不想泛舟江海，潇洒度日，只是生逢尧舜那样的君主，不忍心永诀。

如今朝廷上不缺栋梁之材，想建高楼大厦，也不缺我这块材料。可是就算是葵与藿，也要向着太阳生长。我的忠诚是天性，实在不能改。

回过头来想，那些如蝼蚁一般的人们，只想经营自己的小窝。我为什么要羡慕长鲸，动不动就想纵横大海？

我耻于为了实现梦想干谒权贵，因此耽误了生计。我虽然穷困潦倒，可也不甘埋没于灰尘中。

没有像许由和巢父那样飘然世外，我很惭愧，可我不能改变气节。喝几杯酒吧，诵几首诗吧，聊以遣闷抒忧。

一年将尽，百草凋零，疾风厉吹，高冈冻裂。黑云连绵，笼罩大街，我这个旅人，于半夜离开。

霜雪太冷，衣带断了，手指僵直，无法联结。凌晨经过骊山脚下，高处有皇帝的御榻。

大雾迷漫，填塞寒空，山路结冰，一步一滑。华清宫的温泉好比瑶池仙境，护卫的羽林军密密麻麻。

君臣纵情欢娱，乐声响彻天宇。能被赐浴温泉的都是贵人，参加宴会的没有百姓。

贵人分到的绸帛，都是贫寒女子织出来的。家里的男人被鞭打绳捆，一车车上贡京城。

皇帝一筐筐、一笼笼地分赏群臣，实指望他们好好治理邦国。可是如果臣子忽略了这番美意，那财物岂不相当于白白丢弃？

朝廷里挤满了人才，仁者一个劲儿地战栗。我还听说皇宫内的金盘，都到了国舅家里。

看哪，神仙一样的美人儿在中堂起舞，轻烟般的罗衣遮不严玉体。客人穿着暖和的貂鼠皮袄，朱弦玉管发出幽幽妙音。劝客人品尝驼蹄羹，劝客人品尝香橙和金橘。

朱门里的富贵人家酒肉吃不了都臭了，穷人却冻饿而死，尸骨在途。不过咫尺之间，枯荣两个世界。

我心中惆怅，实在无话可讲。我折向北去，赶到泾、渭河边。在泾、渭合流的渡口，又改了路线。

冰块从西边漂来，放眼远望，浪高接天，如起伏的山岭。我疑心是崆峒山漂来了，怕不是要把天柱碰断。

还好河上的桥梁没有被冲毁，桥柱子发出窸窣的声响。河面宽广，不可轻渡，旅人们互相牵着小心攀越。

我的老妻孩子寄居在异县，十口人被风雪隔开。我怎能不顾念他们？这次回去，就想与他们共同承受饥渴。

一进门就听见号啕的哭声,原来幼子已经被活活饿死。我不想哀痛却无法不哀痛,邻居们也替我们流泪。

我好惭愧!身为人父,却养不活自己的小孩。谁能想到,今年的秋收还不错,穷人家却仍有人被饿死。

我好歹不用交租纳税,又不在服兵役的名单上,但仍处境悲惨。可想而知,平民百姓的生活会有多心酸。

想想那些失去土地的百姓,想想那些戍守远地的士兵,我忧国忧民的思绪啊,盖过了高高的终南山,不知如何收拾。

《杜诗镜铨》中评价这首诗:

引发上指冠,大声如吼。

杜甫是真的怒了。

在这么一个悲惨的时间和事件节点上,杜甫成就了他"诗圣"的名号。

第五章 兵祸起兮

第一节
后出塞

渔阳鼙鼓动地来!

天宝十四载(755)十一月初八,安史之乱爆发。

安禄山说杨国忠在皇上面前进谗言,所以他要清君侧。除了调动本部兵马,安禄山还征调了部分同罗、奚、契丹、室韦人马,总计十五万,号称二十万,连夜出发,由范阳挥师南下,直指大唐心脏。

唐玄宗的第一反应:不相信。

第二反应:像骂儿子一样骂了安禄山一顿,还说,只要他诚心悔过,就允许他归顺。

安禄山才不理他呢。

玄宗怒了,把安禄山的大儿子安庆宗砍了。安禄山的老婆孩子都在长安——玄宗之所以对安禄山这么放心,也是觉得有他的老婆孩子为质,他反不了天。

玄宗又腰斩了安禄山的儿子、赐死了安禄山的女儿,安禄山大痛:"我何罪,而杀我子?"他疯了。

重摆威严不成,玄宗决定把皇位传给太子,自己御驾亲征。

这下可把杨国忠吓坏了。玄宗要是死了,他们就没了靠山,太子当了皇帝,他们一家子都得死。

下朝后,杨国忠立刻去找了他的姐姐妹妹;韩国夫人、虢国夫人、秦国夫人,又跑进宫去找杨贵妃;杨贵妃又跑去找玄宗,在玄宗面前哭。得,玄宗心软了,不亲征了,太子也当不成皇帝了。

玄宗在深宫摔杯子砸碗,中原大地直面浩劫,河北二十四个郡相继投降。

英雄也有,颜真卿、颜杲卿兄弟,加上颜杲卿的儿子,带着数千人以卵击石,抗击安禄山。

一封封急报不是兵败如山倒,就是降官如枯草,偶一听见颜真卿的壮举,玄宗挪动老迈的腿脚,一路踉跄着呼喊:"颜真卿,颜真卿!"似乎只要喊着这个名字,就能唤醒无数热血英雄,救大唐于水火。

可是,官员还是死的死,逃的逃,降的降,叛的叛,胡人一路高歌猛进。

军队逼近潼关,长安城近在眼前,安禄山按了暂停键。

天宝十五载(756)正月初一,安禄山定都洛阳,国号大燕,改元圣武。

安禄山反唐之初,杜甫又写了《后出塞》。

> 男儿生世间,及壮当封侯。
> 战伐有功业,焉能守旧丘。
> 召募赴蓟门,军动不可留。
> 千金装马鞭,百金装刀头。
> 闾里送我行,亲戚拥道周。
> 斑白居上列,酒酣进庶羞。
> 少年别有赠,含笑看吴钩。

热血男儿参军入伍,一腔豪情报效国家,亲戚好友、街坊四邻都来送行。

朝进东门营，暮上河阳桥。
落日照大旗，马鸣风萧萧。
平沙列万幕，部伍各见招。
中天悬明月，令严夜寂寥。
悲笳数声动，壮士惨不骄。
借问大将谁？恐是霍嫖姚。

从新兵的角度，描绘军旅生活。

古人重守边，今人重高勋。
岂知英雄主，出师亘长云。
六合已一家，四夷且孤军。
遂使貔虎士，奋身勇所闻。
拔剑击大荒，日收胡马群。
誓开玄冥北，持以奉吾君。

战士拼死征杀，以报君王。

献凯日继踵，两蕃静无虞。
渔阳豪侠地，击鼓吹笙竽。
云帆转辽海，粳稻来东吴。
越罗与楚练，照耀舆台躯。
主将位益崇，气骄凌上都。
边人不敢议，议者死路衢。

边境安宁后,将帅盛气凌人,战士不敢有非议。

我本良家子,出师亦多门。
将骄益愁思,身贵不足论。
跃马二十年,恐辜明主恩。
坐见幽州骑,长驱河洛昏。
中夜间道归,故里但空村。
恶名幸脱免,穷老无儿孙。

这首诗里的战士已经老了,跨马征战了二十年,他累了,也厌倦了军中乱象,干脆,跑了吧。于是趁夜逃走,回到故里。故里哪还有人在?乡人或者逃荒逃难去了,或者被征调服役,既没有揭发他的人,也没有了亲人。他一个孤老头子,连个媳妇都娶不上,更别提儿孙绕膝。

国家有难,男儿叛逃。

是他怕死吗?

他为什么要逃?

他为什么不逃!

第二节
逃逃逃

安禄山的大军步步紧逼,朝中的大臣仍旧在窝里斗。

天宝十五载(756),封常清和高仙芝因为战败,被玄宗砍了头;中风的哥舒翰只好披挂上阵,统率二十万大军驻守潼关。

哥舒翰的属将王思礼劝哥舒翰上表请诛杨国忠,以平安禄山之怒,哥舒翰不说话;王思礼又请求带三十骑把杨国忠劫到潼关杀掉,哥舒翰说:"如果这么干,那就成了反贼了。"

总的来说,哥舒翰是个很有原则的人。

杨国忠本来就被人指着脊梁骨骂,如今安禄山造反,打的也是被他逼反的旗号,他更是惴惴不安了。有人拱火道:"如今哥舒翰手里掌握着重兵,他要是造反,您可就危险了。"

杨国忠赶紧去找玄宗,奏请选监牧小儿三千于苑中训练。

玄宗答应了。

此外,杨国忠还募万人屯驻灞上,由亲信杜乾运带领,名义上是御贼,实则防备哥舒翰。

哥舒翰上表请求将灞上军划归潼关;六月间又把杜乾运召到了潼关,借故杀了他。

这么一来,杨国忠更害怕了。

正在这时，有消息来报，说在陕的安禄山叛军不足四千。玄宗遂派人催哥舒翰进兵，收复陕、洛。

哥舒翰是很有经验的将领，他觉得此乃诱兵之计，目前只要把自家地盘守住就好。因为敌人是远道而来，时间一长，首先坚持不住的是敌军。

结果，杨国忠就在玄宗面前进谗言，说哥舒翰不肯出兵，会贻误战机。

于是玄宗接二连三地派使者催哥舒翰出兵，通常是前一个使者刚到，后一个使者又来了。万般无奈的哥舒翰抚膺恸哭，引兵出关。

结果二十万大军在灵宝遭遇了伏击，回潼关的只剩八千人。

兵败如山倒，六月九日，潼关失守，附近各地的防御使纷纷弃职潜逃。

此时，杜甫已经带着家人从奉先来到了白水，寄住在他的舅父崔顼处。

潼关沦陷，白水自然不能幸免。

跑吧。

杜甫跟着大家急惶惶地逃亡，他身软力弱，陷在蓬蒿丛里，伤了腿，骑的牲口也被人抢了，走不成了。

身边的人一个个越跑越远，谁也顾不上停下来拉他一把，他绝望地看着人们的背影，徒劳地挣扎着。

忽然"吁"的一声，有人勒马急停，原来是他的表侄，就是他曾祖姑的玄孙王砅。

王砅左手牵着马缰，右手持刀，救出了杜甫，还让杜甫骑他的马。好不容易才和家人会合，大雨又拉不断扯不断地下起来了，一步一滑，跪跪爬爬，往前挣啊。

十几年后，杜甫在潭州遇到王砅，还写诗话当年：

往者胡作逆，乾坤沸嗷嗷。
吾客左冯翊，尔家同遁逃。
争夺至徒步，块独委蓬蒿。
逗留热尔肠，十里却呼号。
自下所骑马，右持腰间刀。
左牵紫游缰，飞走使我高。
苟活到今日，寸心铭佩牢。
…………
——《送重表侄王砅评事使南海》

杜甫这个诗圣，是痛里炼的，苦里磨的，血里泡的，死人堆里爬出来的。

他们逃到了同家洼，暂且住在朋友孙宰家。

老友大开重门，张灯接客，给他们烧水烫脚，做了丰盛晚餐；又按照风俗剪纸贴在门外，给行人招魂，感动得杜甫涕泗横流。

休整几天后，他们继续向前奔逃，最终来到羌村，即如今的陕西省富县境内。

此地偏远，正好适宜躲避战乱，杜甫于是在这里暂时安了家。

大约在这个时候，杨贵妃死了。

潼关陷落，长安的盔甲没了，玄宗带着大队人马仓皇而逃。

行至马嵬驿，杨国忠被愤怒的军士枭首示众，他的儿子户部侍郎杨暄，以及韩国夫人、秦国夫人均被诛杀。

是的，军队哗变了。

玄宗得知后，都不敢发脾气，赔着笑脸慰劳将士们，叫他们解散归队。

可是将士看着他,脸色阴沉,一动不动。

玄宗让高力士去问原因,陈玄礼答道:"国忠谋反,贵妃不宜供奉,愿陛下割恩正法。"

玄宗愕然,良久后说了一句"朕当自处之"。

外边的兵士在等。

内里的贵妃也在等。

她不关心政治,一点都不关心,她觉得那是男人们的事情。

她就想做一个被玄宗无限疼爱的小妻子。

隔着窗户,她注视着三郎。

一个官在对着玄宗磕头,拼命磕,磕得都流血了。

高力士在扶,在劝,三郎在摇头,身体抖若筛糠,突然,他点头了。

高力士转身,看见了窗内的贵妃,他招来一个小太监,交代着什么。

过了一会儿,旨意传来,要贵妃入佛堂。

玉环软语轻声说:"稍等,等我净手,净面,净身。"

她轻执玉梳,把乌发梳顺,又着人打了一盆清水,洗干净脸上风尘。

高力士手捧一条白绫,在前援引。她随后莲步轻移,入了佛堂。

良久,高力士出来,说:"贵妃薨了。"

玄宗一屁股坐在了泥地上。

门外传来三军胜利的呼声。

贵妃的尸体就放在当院,玄宗把陈玄礼等人召进来验看尸身。

见贵妃确实死了,他们才卸下武装,磕头请罪,高呼万岁,再拜而出,重整队伍,继续赶路。

因为一个女人被缢死在马嵬驿，此地从此青史留名。

更让人啼笑皆非的是，据说杨贵妃被勒死后，一位老妇人在马嵬坡拾到了一只袜子，说是杨贵妃的袜子。自此路过的人都要求看看这只袜子，老妇人便收费，一百钱一人次，赚钱无数。

第三节
哀王孙

玄宗与太子李亨在马嵬坡分道,玄宗向南赴西蜀,李亨则北上,并一路收编唐军的残兵败将。

七月十三日,太子李亨在宁夏的灵武称帝,是为唐肃宗,遥尊玄宗为太上皇。

排场?没有的。

呼呼万岁,就算当上了皇帝,并改天宝十五载为至德元年。

此时的杜甫刚把家安置在羌村。

他做出了一个重要而且大胆的决定。

他要去灵武。

于是,他留下妻儿在家,只身出发了。

结果走到半路被胡人逮住,送去了长安。

这里是长安吗?

它的庄严的气派呢?

它的整饬的城墙呢?

深宅大院里浓烟滚滚,大街上来来往往的都是胡人。

抓的人多了,杜甫又不起眼,胡人对他的看管不严,他还有余裕的时间到街上走走看看。

他看见一个王孙，正在街角哭泣。

杜甫问他姓名，他不肯说，只说困苦难当，愿卖身为奴。

杜甫又哀怜他，又帮不了他，只能在满街的血腥气里送他几句好话：

> 长安城头头白乌，夜飞延秋门上呼。
> 又向人家啄大屋，屋底达官走避胡。
> 金鞭断折九马死，骨肉不得同驰驱。
> 腰下宝玦青珊瑚，可怜王孙泣路隅。
> 问之不肯道姓名，但道困苦乞为奴。
> 已经百日窜荆棘，身上无有完肌肤。
> 高帝子孙尽隆准，龙种自与常人殊。
> 豺狼在邑龙在野，王孙善保千金躯。
> 不敢长语临交衢，且为王孙立斯须。
> 昨夜东风吹血腥，东来橐驼满旧都。
> 朔方健儿好身手，昔何勇锐今何愚。
> 窃闻天子已传位，圣德北服南单于。
> 花门剺面请雪耻，慎勿出口他人狙。
> 哀哉王孙慎勿疏，五陵佳气无时无。
> ——《哀王孙》

他对王孙说，我私下里听说，皇上已把皇位传给了太子，南单于派使拜服，他们个个割面，请求上前线安定天下。你一定要守口如瓶，以防被暗探缉拿。五陵之气葱郁，大唐中兴有望。

胡人把一车一车的金银珠宝送到洛阳，同被运往洛阳的还有长安城中没有来得及逃走的官吏。

他们基业初创，需要官员打理。

杜甫已经四十多岁，尖嘴缩腮，皮肉苍苍，一看就不是当官的模样，所以胡人没把他往洛阳运。

王维和郑虔就倒霉了，他们名气大，藏不住。

月夜，杜甫想起留在乡下的老婆孩子：

今夜鄜州月，闺中只独看。
遥怜小儿女，未解忆长安。
香雾云鬟湿，清辉玉臂寒。
何时倚虚幌，双照泪痕干？
——《月夜》

这个想老婆的痴汉，对着月亮叨叨念念，像是对着妻子的脸：什么时候咱们才能并坐帷帐下，月光照着你我把泪痕擦干？

第四节
哀江头

胡人挟狼戾与美梦而来，大马弯刀，铁蹄踏踏。

面对死神的逼催，有人从最初的震惊和慌乱中警醒，开始奋起自救。

兵部尚书兼朔方节度使郭子仪带领唐军打了几场胜仗，在后方牵制住了敌人。

肃宗李亨从宁夏灵武迁到了顺化，即甘肃庆阳。玄宗派韦见素与房琯送来宝册，李亨这个皇帝总算名正言顺了。

接着，李亨又迁到彭原，他派房琯带兵，欲收复洛阳、长安。

房琯是个读书人，不懂用兵打仗。他采用春秋时期的车战之法，把军队分成三路，以牛车两千乘，骑兵、步兵一起进攻。

问题是胡人整天与牛羊打交道，知道怎么对付，牛群被吓得定不住蹄，乱跑，被践踏而死者众多；胡人又趁机袭击，一天之内，四万人的军队，逃回去的仅数千。

消息传到长安，长安的胡人与有荣焉，他们在街上大摇大摆、大吃大喝，喝醉了就奸淫妇女、杀人放火。

两天后，房琯又亲自领兵出战，结果再败。部将杨希文和刘贵哲也投降了叛军。

没有兵，就征兵，征来的兵来不及训练，直接拉上战场。不会变阵，不会看旗，不会听号角战鼓，有的有一腔血勇，有的当场溃逃。

消息再次传来,长安的胡人再次疯狂。他们饮酒,他们高歌,他们肆意地杀戮和奸淫。

"生灵涂炭"只有四个字,纸底下却是数不清的伤亡惨痛。

杜甫觉得这样的日子实在是过不下去了,不要这么急着打仗了,先忍忍,先忍忍,人死一个少一个啊:

> 我军青坂在东门,天寒饮马太白窟。
> 黄头奚儿日向西,数骑弯弓敢驰突。
> 山雪河冰野萧瑟,青是烽烟白是骨。
> 焉得附书与我军,忍待明年莫仓卒。
> ——《悲青坂》

渐渐地,天气暖了,春天又来了。

当年的曲江游人呢?当年的丽人和丞相呢?当年的朱户高楼呢?当年的气焰呢?

> 少陵野老吞声哭,春日潜行曲江曲。
> 江头宫殿锁千门,细柳新蒲为谁绿?
> 忆昔霓旌下南苑,苑中万物生颜色。
> 昭阳殿里第一人,同辇随君侍君侧。
> 辇前才人带弓箭,白马嚼啮黄金勒。
> 翻身向天仰射云,一箭正坠双飞翼。
> 明眸皓齿今何在?血污游魂归不得。

清渭东流剑阁深,去住彼此无消息。
人生有情泪沾臆,江水江花岂终极?
黄昏胡骑尘满城,欲往城南望城北。
　　　　——《哀江头》

杜甫溜到曲江池边,看到的却是一派荒凉。他又在长安城中躲躲闪闪地走走看看,原本光洁的街道已经被这里那里钻出的丛丛野草占据。草木得了人血的滋养,长得格外茂盛,人在其中钻行,如同缥缈幽魂。

国破山河在,城春草木深。
感时花溅泪,恨别鸟惊心。
烽火连三月,家书抵万金。
白头搔更短,浑欲不胜簪。
　　　　——《春望》

战事连连,人命危浅,朝不虑夕,唯一能够给人安慰和生之信念的,就是来自亲人的报平安的家信。

杜甫的妹妹远在安徽凤阳,弟弟杜颖、杜观、杜丰滞留山东,妻子儿女则困在了羌村。

他给弟弟写诗,给妹妹写诗,给妻子写诗,他更牵挂在乱世颠沛的孩子。

想起"骥子好男儿,前年学语时。问知人客姓,诵得老夫诗",杜甫苍老瘦削的脸上不由得浮现一抹笑意。可是如今的世道,不知何时才能和妻子孩子团聚,杜甫又在诗中做出不知道什么时候才能兑现的承诺:

倪归免相失，见日敢辞迟。

杜甫不止一次地溜出门去。

这天竟淅淅沥沥地下起雨来。一个叫苏端的朋友就住附近，杜甫干脆叩门拜访。

朋友见了很是欢喜。虽然大家的日子都不好过，但是也勉力招待了他一餐，还有浊酒以供一醉。

人世间最难得的是情意，再难过的日子，有了情意，也便觉得好过了。

雨后放晴，杜甫觉得晴天也很可爱：

皇天久不雨，既雨晴亦佳。
出郭眺西郊，肃肃春增华。
青荧陵陂麦，窈窕桃李花。
春夏各有实，我饥岂无涯。
…………

——《喜晴》

不久后，杜甫就逃出了长安。

原来，他一趟一趟地出门，看似是闲游，其实是探路。

第五节
左拾遗冒死救忠臣

叛军高层斗争激烈。

至德二载(757)正月,安禄山被他的儿子安庆绪杀掉,安庆绪在洛阳称帝。二月,肃宗从彭原迁至凤翔。凤翔在长安西三百余里。

一些被俘洛阳的官吏偷偷回到长安,许多沦陷在长安的人又设法走出长安,逃往凤翔。逃亡路上,人们来来往往。一个个囚首垢面,鹑衣百结。

郑虔从洛阳回来了。

胡人任命他为水部郎中,他称病不干;如今回了长安,在侄子郑潜曜的池台中与杜甫相遇。二人喝了一场酒,杜甫写了一首表达喜悦的诗,写着写着,喜悦又成了悲哀:

白发千茎雪,丹心一寸灰。

杜甫想,郑虔都能逃回长安,如今路也探得差不多了,自己肯定能逃出去!

杜甫在怀远坊的大云寺住了几天,四月里的一天,他出了城西的金光门,直奔凤翔。

杜甫遇山爬山,能走小路绝不走大路,没有小路,就在榛莽荒林里闷头往前钻。

有一条小河沟,水底铺着暗绿的水藻,还有寸许的小鱼游走。杜甫渴极了,也不顾水干不干净,直接扑过去用手捧着喝了个痛快。

他舒服地打了个嗝,又捧起水洗掉一路黄尘,露出黑黄的脸,头发乱蓬蓬,胡须也卷曲,像个野人。

面前的土城就是凤翔了,他要投奔明主。

可是,自己这副形象,怎么朝见天子呢?

然而肃宗不嫌弃,他接见了杜甫。

——他现在要官无官,要将无将。

至德二载(757)五月十六日,肃宗任命杜甫为左拾遗。

这个官职就像挎着个篮筐拾土豆子,皇帝在前边走,丢落下什么想法,或者有做得不全面的地方,他都有义务提醒皇帝,劝谏皇帝。若是民间有贤良之士,他也要像拾土豆子一样拾起来,送给皇帝。

终于有了一个说得过去、看得过眼的官职了,杜甫呼出一口长气。

去年潼关破,妻子隔绝久。
今夏草木长,脱身得西走。
麻鞋见天子,衣袖露两肘。
朝廷愍生还,亲故伤老丑。
涕泪受拾遗,流离主恩厚。
柴门虽得去,未忍即开口。
寄书问三川,不知家在否。
比闻同罹祸,杀戮到鸡狗。

> 山中漏茅屋，谁复依户牖？
> 摧颓苍松根，地冷骨未朽。
> 几人全性命？尽室岂相偶？
> 嵚岑猛虎场，郁结回我首。
> 自寄一封书，今已十月后。
> 反畏消息来，寸心亦何有？
> 汉运初中兴，生平老耽酒。
> 沉思欢会处，恐作穷独叟。
> ——《述怀》

他怕。他怕他当了官了，亲人却不在了，家也没有了。

杜甫不是李白。李白得了朝廷诏命，让他去京城，他是"仰天大笑出门去，我辈岂是蓬蒿人"。当时是和平年代，国家的安定给了他张狂的底气。

杜甫始终是个规规矩矩的儒生，看过尸山血海，经过战乱惊魂，如今妻子离散，他好挂心。

秋天，一封家信辗转递到他的手里，还好还好，家人都活着。

杜甫正式上班了。

> 昼刻传呼浅，春旗簇仗齐。
> 退朝花底散，归院柳边迷。
> 楼雪融城湿，宫云去殿低。
> 避人焚谏草，骑马欲鸡栖。
> ——《晚出左掖》

唐朝实行三省六部制,中央有中书省、门下省、尚书省,杜甫作为左拾遗,属于门下省。晚出左掖,意思是他加班了。

班子不完善,缺着好多编,大家都有好多工作要做。杜甫骑马回家的时候,暮色已经四合,鸡都要睡觉了。

他是个离家的单身汉,值夜班的时候也挺多。

花隐掖垣暮,啾啾栖鸟过。
星临万户动,月傍九霄多。
不寝听金钥,因风想玉珂。
明朝有封事,数问夜如何。
——《春宿左省》

夜色深了,但杜甫的内心还不安宁。他趁夜写了一封谏疏要献给皇上,这是他的本职工作,每一封谏疏都写得特别用心,左修修,右改改,没完没了。

房琯兵败论罪,如今此事正在节骨眼儿上。

房琯好虚名,好宏论,好指点江山,却不切实际。而且御下不严,持身不正。明明从政,却整天谈佛论道;因为好鼓琴,他门下的琴工董庭兰便收人贿赂,拿人好处。

房琯兵败,有人力主贬斥,有人不同意。此时的杜甫受命左拾遗,他要站队。

杜甫言辞激烈地为房琯张本,把力主贬斥房琯的人都划为卑污小人,他则是皎皎君子,出于公心。

房琯是玄宗荐来的人,肃宗既不能不用,又不想重用。

房琯兵败，肃宗正想趁势把他搞下去，结果杜甫却横插一杠子，上书说"罪细不宜免大臣"。

这可把肃宗气坏了，干脆召三司推事，就是令韦陟、崔光远、颜真卿把杜甫一起审了。

韦陟向肃宗汇报说，杜甫的言辞虽然狂妄，但不失谏臣的体统。肃宗干脆连韦陟也恨上了，若无人营救，韦陟也要获罪了。

幸亏宰相张镐劝肃宗，不让他杀杜甫，否则就没有人敢进谏了。杜甫这才逃过一死，照旧当他的左拾遗。但是已经有了黑历史，也不再受圣心眷顾了。

杜甫和李白，都是拼命想当官，可是又无论怎样拼命都当不好官的人。

杜甫和杀身大祸擦肩而过，他怕得很。

因为打仗，凤翔一带常有胡人的间谍来回传递信息，侍御吴郁在处理间谍时得罪了权贵，被肃宗贬往长沙。

这回杜甫不敢说话了。

后来，杜甫在流浪途中路过吴郁的故乡两当县，访问吴郁的空宅时，他深觉抱歉：

> 相看受狼狈，至死难塞责。

饶是如此，肃宗也嫌杜甫碍眼。

"爱卿，你好长时间没有回过家了吧？国事重要，家事也重要。这样吧，给你几个月的假，回家看看吧。"

于是，杜甫回老家省亲去了。

第六节
省亲

至德二载（757）闰八月初一，肃宗放了杜甫的假。

因为要回家，一路长行，官袍也不能穿，杜甫着一领青袍，背着一个小包袱，出城了。

好在这一路上没有敌军，不过公马和私马都被征用打仗去了，六七百里地，着实走死个人。于是，在途经邠州时，杜甫拿出文牒证明了身份，给当地一个叫李嗣业的将军写了一首诗。

李嗣业驻扎当地，不缺马匹。

> 青袍朝士最困者，白头拾遗徒步归。
> 人生交契无老少，论交何必先同调。
> 妻子山中哭向天，须公枥上追风骠。
> ——《徒步归行》

看了杜甫的诗，李嗣业当即拨给他健马一匹。

杜甫途经麟游县西的九成宫。

九成宫是隋文帝的离宫，原名"仁寿宫"。开皇十三年（593），隋文帝杨坚下诏修建，一气督调几万人。历时两年零三个月建成，民夫疲顿颠仆，死者数万人。尸体统统被推入土坑,像垃圾一样填埋,上面盖土,筑为平地。

偏偏隋文帝取"尧舜行德,而民长寿"之美意,名其为仁寿宫。

真是讽刺。

唐太宗改称其为九成宫,在此避暑养病。唐高宗也曾多次来仁寿宫避暑,并在此扩建太子新宫。

如今偌大的宫殿荒草丛生:

荒哉隋家帝,制此今颓朽。
向使国不亡,焉为巨唐有。

杜甫又来到李世民的昭陵:

壮士悲陵邑,幽人拜鼎湖。
玉衣晨自举,铁马汗常趋。
松柏瞻虚殿,尘沙立暝途。
寂寥开国日,流恨满山隅。

昭陵利用山峰形势凿成,墓前有浮雕石刻,刻的是唐太宗在开国战争中骑过的六匹骏马——"昭陵六骏"。

杜甫来之前就听了一耳朵神异,说是安禄山攻伐潼关时,官军既败,却见黄旗军数百队与贼将相斗,败而退,退而复战数次。但是却不知道黄旗军来自何方,去往了何处。后来昭陵守陵人禀奏:是日陵宫前石马汗流。

国家有难,石马奔腾。

路经彭衙之西的时候,杜甫感念孙宰,特作诗《彭衙行》:

……………
故人有孙宰,高义薄曾云。
延客已曛黑,张灯启重门。
暖汤濯我足,剪纸招我魂。
从此出妻孥,相视涕阑干。
众雏烂熳睡,唤起沾盘飧。
誓将与夫子,永结为弟昆。
遂空所坐堂,安居奉我欢。
谁肯艰难际,豁达露心肝?
别来岁月周,胡羯仍构患。
何当有翅翎,飞去堕尔前?

越走越近,相思日久,终于可以不劳相思。

杜甫不想和妻子并肩相伴,执手相看吗?他不想孩儿绕膝,尽享天伦吗?

贼兵乱哄哄,他却赶着去投奔肃宗的小朝廷,有人说他是"投机"。可是这一路艰险,不知道什么时候就会掉了脑袋,非得吃这碗刀头舔血挣来的官饭吗?

杜甫一生学的是儒家学问,想的是修身齐家治国平天下,所以他拼着一身瘦骨敲铜声,去给大唐光复添一块砖,加一片瓦。

结果人家嫌他添的砖不好看,加的瓦不漂亮。

鸟喧雀躁,红日西坠,云影沉沉。

眼前就是羌村。

一个瘦弱的妇人正抱着一堆柴往家走，孩子们忙给娘亲打开用荆条编的门。他们亲亲热热围着娘亲叫：

"阿娘，阿娘，我饿了。"

"阿娘，什么时候吃饭？我想吃肉饼。"

妇人放下柴，笑着摸孩子们的头："乖，等阿爷回来，给你们带肉饼。晚上阿娘给你们煮两个鸡蛋好不好？"

一个大点的孩子懂事了，说："阿娘，不要煮鸡蛋了，咱们家快没盐了，要用鸡蛋换盐。"

当娘的用粗糙的手摸了摸大儿子的脑袋，沉默了一霎，又笑了笑，说："不妨事，那就煮一个，你们分着吃。"

最小的女孩听说有鸡蛋吃，高兴得蹦蹦跳跳："哦哦，要吃鸡蛋了，有鸡蛋吃了！"

女人猛抬头，看见不远处站着一个青衫布鞋的儒生，牵着一匹马。

她以为自己眼花了，揉揉眼，再揉揉。

杜甫一步步走过来，夕阳在他布满黄尘的脸上打上一道柔光。

那样的年月，离了家的人，能不能回来是五五之数；守着家的人，能不能活着是五五之数。多少人生离即是死别，多少人归家却发现已无家可归。相比下来，杜甫由衷地觉得自己幸运，虽然饿死了一个孩子，但毕竟只饿死了一个孩子。

夫妻相对，恍然一梦。

  峥嵘赤云西，日脚下平地。

  柴门鸟雀噪，归客千里至。

妻孥怪我在，惊定还拭泪。
世乱遭飘荡，生还偶然遂！
邻人满墙头，感叹亦嘘唏。
夜阑更秉烛，相对如梦寐。

　　　　——《羌村·其一》

第二天早晨，邻人父老带着粗酒来看望杜甫。

简陋的饭桌上，粗陶碗一字排开，邻人一边倒酒一边抱歉："哎，也别嫌这酒不好啦，实在是现在到处征丁打仗，庄稼没人种，粮食收得少，酿酒舍不得酿得既醇又好，只能凑合着尝个酒味罢了。哎，你看就连小孩都被征去打仗了啊。"一边说着东邻家的儿子战死在了哪里、西邻家的儿子至今未归，一边哭了起来。

杜甫看着自己的两个儿子：自己是官身，所以孩子也免了服役，又庆幸，又惭愧。

群鸡正乱叫，客至鸡斗争。
驱鸡上树木，始闻叩柴荆。
父老四五人，问我久远行。
手中各有携，倾榼浊复清。
苦辞酒味薄，黍地无人耕。
兵戈既未息，儿童尽东征。
请为父老歌，艰难愧深情。
歌罢仰天叹，四座泪纵横。

　　　　——《羌村·其三》

杜甫写了一首很长的《北征》诗,叙述回家前前后后的事。
诗里写到他眼中的家:

> 况我堕胡尘,及归尽华发。
> 经年至茅屋,妻子衣百结。
> 恸哭松声回,悲泉共幽咽。
> 平生所娇儿,颜色白胜雪。
> 见爷背面啼,垢腻脚不袜。
> 床前两小女,补绽才过膝。
> 海图坼波涛,旧绣移曲折。
> 天吴及紫凤,颠倒在裋褐。

——史料上说杜甫有二子一女,可是杜甫自己在诗里写"床前两小女"。
妻子衣裳破旧,孩子营养不良,没有袜子穿,脚丫子上一层泥。
杜甫的肠胃本来就不好,跑了几百里地回来,到家就病了:

> 老夫情怀恶,呕泄卧数日。

不过,他的到来,使得家里人难得地感觉到快乐:

> 那无囊中帛,救汝寒凛栗。
> 粉黛亦解包,衾裯稍罗列。
> 瘦妻面复光,痴女头自栉。

学母无不为,晓妆随手抹。

移时施朱铅,狼藉画眉阔。

孩子在脸上胡乱涂抹的快乐,使得杜甫也觉得快乐,他甚至觉得生计问题也可以放一放了,还是享受眼前这难得的一点生活的甜味吧:

生还对童稚,似欲忘饥渴。

问事竞挽须,谁能即嗔喝?

翻思在贼愁,甘受杂乱聒。

新归且慰意,生理焉得说?

在贼寇盘踞的地方整天提心吊胆地发愁,哪有如今小孩子在耳边叽叽喳喳地聒噪来得快乐?

杜甫在羌村待了几个月。

虽衣食不丰足,但乐得平静、安定,如果能长久地住下去多好。

但是不成。

他是官家人。

除了这层薄薄的官皮,他自觉有重任在身。

第六章 三吏三别

第一节
两京光复

杜甫回家探亲刚出发,凤翔就迎来了胡人的袭击。

不过胡人没有成功。

九月,肃宗的长子李俶和郭子仪率兵十五万进攻长安,而且还有外援——回纥可汗的儿子带着四千多强悍的回纥兵助阵。

此时的杜甫已经和老婆孩子团聚了,他听说这个消息后十分开心,觉得光复有望。

虽然家家都有人死,又吃不上饭,但是大家高兴啊,干脆把老婆平时舍不得戴更舍不得卖的首饰都卖了,买上好酒,向光复失地的官军和友军进献吧:

喜觉都城动,悲怜子女号。

家家卖钗钏,只待献春醪。

不负杜甫所望,也不负百姓所望,这年九月,官军收复长安。

广平王李俶率军入长安,城内百姓扶老携幼,夹道相迎,笑着笑着就哭了,哭着哭着又笑了。

十月,官军收复洛阳。

杜甫高兴吗?那还能不高兴!

但是，他思虑重重。

肃宗一朝，最受宠的人有三个：两个宦官，一个女人。

两个宦官，一为李辅国，一为鱼朝恩；一个女人即张良娣。

李辅国，本名李静忠。他在马嵬驿参与了杀死杨国忠的兵谏，后来建议太子李亨分兵北至朔方，目的当然是脱离玄宗的掌控，以图另立。

李亨在灵武即位，念李静忠忠心，赐名"护国"，后改名"辅国"，擢太子家令、判元帅府行军司马——掌握兵权了。

鱼朝恩是李亨收复两京后重用的，此人狡黠聪慧，识文断字，筹算也好。

张良娣是肃宗看重的女人——良娣是太子妾室的一种位分。

玄宗逃往西蜀时，张良娣也从旁劝谏，李亨于是决定北去灵武——李亨曾在那里任朔方节度使，经营了多年，有自己的根基。

奔逃途中，人手缺乏，危机重重，张良娣夜夜守在李亨寝室外面。

李亨说："有男人在，哪用得着你这么辛苦？而且捍贼也不是妇人的事。"

张良娣说："如今乃多事之秋，若真的有变故发生，妾身多多少少可以抵挡片刻，为殿下赢得一点脱身保全的时间。"

患难夫妻，李亨不能不感激。

到达灵武后不久，张良娣生子，肃宗钟爱，当即封其为兴王。生下孩子才三天，张良娣就起来为战士缝衣服了。李亨劝她多休养，她说："现在难道是养身体的时候吗？"

这样的生死患难相扶持，肃宗怎能不对她宠幸有加？

李亨在玄宗多年的打压下，本就遇事少决断，性格多懦弱，如今更是无论内政还是外事，都要问问张良娣的看法。张良娣是有儿子的人，她当然想为自己的儿子筹谋储君之位。可是广平王李俶和建宁王李倓，都比张良娣的儿子大，所以她就和李辅国勾结，鼓动肃宗，赐死了李倓。

如今广平王李俶收复了长安和洛阳，立了大功，到底要不要立他为太子呢？肃宗一直犹豫不决。

杜甫担心李俶也被赐死，所以他写诗说：

羽翼怀商老，文思忆帝尧。

如果有商山四皓在就好了，有了强有力的羽翼，皇帝就不得不在下手前多想想。

后来也幸得有李泌进谏，才保下了已经成为太子的李俶的命。

"文思忆帝尧"这句话中隐藏的意思也很多。

当初在马嵬驿，肃宗为显孝道，一再坚持随玄宗入蜀。在灵武的时候，他说什么也不肯即帝位，是臣子五次上书，"逼"得他不得不答应。

如今，太平了，两个皇帝谁当家的问题就突显出来了。

看杜甫的意思，是希望玄宗效仿上古尧帝，安详和乐地禅让帝位。

事情也确实是这么发展的：

至德二载（757）十二月，玄宗和肃宗回到了长安。

李亨要归政玄宗，所以，玄宗返京那天，他是穿着紫袍迎驾的。

玄宗亲自为李亨穿上黄袍，但是，李亨仍旧几次上表，请求让位，还居东宫。可玄宗说什么都不许。于是，父慈子孝，父亲退位安养，儿子正正当当地当上了皇帝。

杜甫打心眼儿里觉得尧帝禅舜，二帝同辉，这样才好，这样真好。

真是一个诗人。

皇帝还下了罪己诏，承认自己德行有亏，向天下人认罪。这是多么难得啊，杜甫觉得能生逢此事，真是幸运，于是，"叨逢罪己日，沾洒望青霄"。

杜甫又要起程了,带着老婆孩子一起回京,继续辅佐圣明天子。

杜甫的高兴劲儿感染了一家人,也感染了左邻右舍。大家都觉得官军威武,和平的好日子就快来了!

第二节
一片花飞减却春

杜甫仍旧做他的左拾遗。

当时岑参任监察御史,在杜甫和裴休等人的推荐下,岑参成了右补阙。

一左一右,像两个括号。同为谏官,同是天子近臣。

不过两个人的作风不大一样。杜甫是"避人焚谏草,骑马欲鸡栖",憋得慌,写了一些真心话,可是想来想去,怕给自己招祸,又烧掉了;烧也不敢当着他人的面烧,怕被胡乱猜疑。经常加班,鸡都要回笼了才回家去。总之,兢兢业业,谨小慎微。

岑参是"圣朝无缺事,自觉谏书稀"。可能是偷懒,也可能是粉饰太平。

还有一个叫严武的小老弟,才三十二岁,做的是京兆少尹兼御史中丞。

这几个人挺投脾气,所以互相唱和挺多,就是写的诗没啥大意思,乏善可陈。

腊八这一日,杜甫得了皇帝赐的"口脂面药",就是一种防冻霜,可高兴了:

口脂面药随恩泽,翠管银罂下九霄。

这种诗有什么意思!

杜甫一直挺喜欢喝酒的。俸禄还没有发放,也没什么钱,从北城下朝后,一路跑到曲江头典衣买了一壶粗酒。

如今又是暮春天气。

> 一片花飞减却春,风飘万点正愁人。
> 且看欲尽花经眼,莫厌伤多酒入唇。
> 江上小堂巢翡翠,花边高冢卧麒麟。
> 细推物理须行乐,何用浮名绊此身。
>
> 朝回日日典春衣,每日江头尽醉归。
> 酒债寻常行处有,人生七十古来稀。
> 穿花蛱蝶深深见,点水蜻蜓款款飞。
> 传语风光共流转,暂时相赏莫相违。
>
> ——《曲江》二首

人是健忘的。

杜甫见过死不得其时的死尸,见过刀光剑影的杀戮,经历过气短神疲的奔逃,走过磨厚了脚底板的曲折长路,如今,眼前的暮春景色让他觉得安宁,觉得还是要及时行乐。

有人说这诗虽好,但是与杜甫那些顿挫沉郁的诗篇比起来,未免轻飘没有重量。

可是这有什么不好?

一边在小酒铺喝着粗酒,一边看着外边春雨如丝,林间有小花开放,水里有荇草漂荡：

> 城上春云覆苑墙，江亭晚色静年芳。
> 林花著雨燕脂落，水荇牵风翠带长。
> …………
> ——《曲江对雨》

难得有片刻闲暇，回到家还要应付孩子们的大呼小叫，要操心一家人的油盐柴米；上了朝，还要察言观色，仰龙息而活。

别说，杜甫还是蛮自豪的：

> 户外昭容紫袖垂，双瞻御座引朝仪。
> 香飘合殿春风转，花覆千官淑景移。
> 昼漏希闻高阁报，天颜有喜近臣知。
> 宫中每出归东省，会送夔龙集凤池。
> ——《紫宸殿退朝口号》

乾元元年（758）五月端午，唐肃宗赐给杜甫香罗和甲衣，杜甫又惊又喜：

> 宫衣亦有名，端午被恩荣。
> 细葛含风软，香罗叠雪轻。
> 自天题处湿，当暑著来清。
> 意内称长短，终身荷圣情。
> ——《端午日赐衣》

可是他的日子仍旧难过。

原来骑的官马送还给了官家,他想去看望友人都不行。不是走不动路,是在街上步行,遇见官长,会被申斥。

哪有钱买马骑呀!

这天,杜甫在东郊看见一匹瘦马,他心里难过,写了一篇《瘦马行》:

> 东郊瘦马使我伤,骨骼硉兀如堵墙。
> 绊之欲动转欹侧,此岂有意仍腾骧。
> 细看六印带官字,众道三军遗路旁。
> 皮干剥落杂泥滓,毛暗萧条连雪霜。
> ……
> 天寒远放雁为伴,日暮不收乌啄疮。
> 谁家且养愿终惠,更试明年春草长。

当时的官马都要盖印,右大腿盖出生的年月,屁股上盖监牧人的名字。如果这马长得好,有成为御马的潜质,就先不盖监牧人的名字。马长到两岁的时候再经过一轮拣选考察,瘦马和长得不好的马,会在左脖子上盖龙形印;长得好的、要送去做御马的,就在屁股左右盖上闲印;其他的杂马,就在左肩盖风字印,左大腿盖飞字印……

反正就是左一个章,右一个章。

杜甫见到的这匹瘦马,就是官马出身。可是因为太瘦了,就被遗弃了。

谁能把它牵回家饲养呢?

第三节
永别长安

这时候，玄宗的日子其实挺难过的。

他还京后，不能再住在大明宫了，要回做皇帝前住过的兴庆宫。

侍卫他的，仍是左龙武大将军陈玄礼和内侍监高力士。

兴庆宫有座长庆楼，南面临着大道，玄宗喜欢到那里走走。行人见了他，会大礼瞻拜、高呼万岁。玄宗高兴，便在楼下置酒食相待，还召见过一些将领。

这样一来，可就犯忌讳了。

太监李辅国行动了：他假传圣旨，把兴庆宫原有的三百匹马弄走了，只留下十匹；又指使将士在肃宗面前叩头请命，希望迎太上皇到西内居住。

后来肃宗病倒了，李辅国又假传圣旨，迎太上皇游西内。

玄宗到了睿武门时，李辅国带领射生手五百骑，拔刀露刃，拦路道："皇帝以兴庆宫湫隘，迎上皇迁居大内。"

玄宗差点儿从马上掉下来，经过安禄山叛乱，经过马嵬驿之变，他已经吓破了胆。

高力士赶紧呵斥："李辅国何得无礼！"并命令他下马。

李辅国不甘不愿，但也不得不下马。

高力士也是虚张声势，如今的他凭什么和这位真正的天子近侍叫板？

玄宗被安顿在甘露殿后，李辅国带人退下，只留下侍卫几十人，而且尽是老弱。连陈玄礼、高力士和旧宫人都不准留在玄宗的身边了。

当天,李辅国就着素服率六军向肃宗请罪,肃宗"迫于诸将",不能发作,还要慰劳他们。

有的朝臣看不惯这种做派,如刑部尚书颜真卿,他率百官上表,请问太上皇的起居。

不久后,颜真卿就被李辅国找了个由头奏贬为蓬州长史了。

肃宗软弱,所以才会派系横生,自己也会被近侍操控。

随玄宗赴蜀的旧臣和随肃宗赴灵武的新贵之间的矛盾很是激烈。

大臣们一边争斗,一边写没什么滋味的文字。贾至、王维、岑参、杜甫……都写过,彼此应和。

什么"银烛朝天紫陌长,禁城春色晓苍苍",什么"九天阊阖开宫殿,万国衣冠拜冕旒",什么"金阙晓钟开万户,玉阶仙仗拥千官",什么"旌旗日暖龙蛇动,宫殿风微燕雀高"。

诗人们闭着眼睛说瞎话,哪里还有"万国衣冠拜冕旒"?

贾至的赞歌刚唱完,就被贬为了汝州刺史。

——收复两京的新鲜劲儿过去了,皇帝和从龙官员的蜜月期也过去了。

这不过是肃宗打击玄宗身边旧臣的一小步。

旧臣房琯死性不改,宾客盈门,说一些大话空话。肃宗当然不满,加上有人添油加醋,房琯便因结党的罪名被贬为了邠州刺史。

和他交情好的,国子祭酒刘秩被贬为阆州刺史,京兆少尹严武被贬为巴州刺史,大云经寺僧人赞公被放逐到秦州,杜甫也被派到华州做司功参军了。

算起来,从至德二载(757)十一月到乾元元年(758)六月,杜甫在长安又待了差不多半年。

此一去,就是永别了。

第四节
任上苦热

去年四月,杜甫逃离长安时,是从金光门离开的。

如今被贬离长安,又是从金光门离开。

李白当年被玄宗打发出京时,心中惶然,如遭遗弃。

杜甫如今也是,他给自己的诗起了一个这么长的名字——《至德二载,甫自京金光门出,间道归凤翔,乾元初,从左拾遗移华州掾,与亲故别,因出此门,有悲往事》:

> 此道昔归顺,西郊胡正繁。
> 至今残破胆,应有未招魂。
> 近得归京邑,移官岂至尊。
> 无才日衰老,驻马望千门。

上任途中,路经华山,杜甫又作《望岳》一首,只是和前面的那一首《望岳》不可同日而语了。

> 西岳崚嶒竦处尊,诸峰罗立似儿孙。
> 安得仙人九节杖,挂到玉女洗头盆。
> 车箱入谷无归路,箭栝通天有一门。

稍待秋风凉冷后，高寻白帝问真源。
——《望岳·其二》

西岳高耸，像一位德高望重的老人，群峰罗立周围，像他的儿孙。
怎样才能得到仙人的九节杖，拄着它登上华山去看玉女祠呢？
进了车箱谷后就没有归路了，山峰像通天的箭尾，难以攀登。
等秋风起、天转凉后，再登上山顶寻找白帝，问问世间真源吧。
——心气也低了，才气也受了束缚，飞扬不起来了。

人陷进了土里，诗也写得土气。
杜甫晚年又写了一首望南岳衡山的《望岳》诗，更是萎靡：

三叹问府主，谒以赞我皇。
牲璧忍衰俗，神其思降祥。

青年时，只是干干净净地赏景，东岳泰山那么多的神仙故事，在他这里未留下一点影子，他相信的不是人命天定。
到了中年，已经想要"高寻白帝问真源"，想要问问神仙这是怎么回事。
晚年更是"神其思降祥"，不是问神仙，而是求神仙。

杜甫到任上的时候，正值秋老虎发威，热得呀，没法说。
还有一堆的事。

七月六日苦炎蒸，对食暂餐还不能。

每愁夜中自足蝎,况乃秋后转多蝇。
束带发狂欲大叫,薄书何急来相仍。
南望青松架短壑,安得赤脚蹋层冰。
——《早秋苦热,堆案相仍(时任华州司功)》

白天有苍蝇,夜里有毒蝎,饭都吃不下去,左一沓文书,右一沓文书。

杜甫是个没脾气的,也忍不住要发狂大叫了。

即便在这种情况下,他还写成了《为华州郭使君进灭残寇形势图状》,又在《乾元元年华州试进士策问五首》里提出变乱中有关赋税、交通、征役、币制等迫切的问题。

杜甫想起了老朋友高适。安禄山叛乱后,高适随哥舒翰守潼关。潼关失守后,哥舒翰被擒,玄宗出奔西川,高适追至河池郡见驾。

后来,高适被玄宗推荐给肃宗,出任淮南节度使,因平永王李璘有功,遭李辅国嫉恨,被改授为太子少詹事。

虽然从权力角度来说是去实就虚,但是和杜甫比起来,高适仍旧安稳太多。可是,老朋友呀,你怎么连一封信都不给我写呢?天上那么多鸿雁,池里那么多鲤鱼,它们都可以替你传书捎信呀:

安稳高詹事,兵戈久索居。
时来如宦达,岁晚莫情疏。
天上多鸿雁,池中足鲤鱼。
相看过半百,不寄一行书。
——《寄高三十五詹事》

这首小诗轻松、自在,既不愁苦,也不端着。

杜甫偶尔也会到别人家做做客,好歹也算是个有身份的人,吃吃酒什么的。明年时,还不知道谁在谁不在,不如趁着醉意,好好看看眼前的茱萸:

> 老去悲秋强自宽,兴来今日尽君欢。
> 羞将短发还吹帽,笑倩旁人为正冠。
> 蓝水远从千涧落,玉山高并两峰寒。
> 明年此会知谁健?醉把茱萸仔细看。
> ——《九日蓝田崔氏庄》

你看,又发起愁来了。

因为时世多艰,民生多难,而战争,还远未结束。

第五节
白水暮东流,青山犹哭声

乾元元年(758)冬末,杜甫看到有安西兵开往前线。洛阳一带暂时还算安全,因为有事,他便趁机回了洛阳。

今非昔比。

米价上天了。

土娄庄的屋舍仍在,但已破旧不堪。扫扫沙土,先凑合着安顿下来。

意外的是,杜甫竟然见到了一位故人:卫八处士。

  人生不相见,动如参与商。今夕复何夕,共此灯烛光。
  少壮能几时,鬓发各已苍。访旧半为鬼,惊呼热中肠。
  焉知二十载,重上君子堂。昔别君未婚,儿女忽成行。
  怡然敬父执,问我来何方。问答乃未已,驱儿罗酒浆。
  夜雨剪春韭,新炊间黄粱。主称会面难,一举累十觞。
  十觞亦不醉,感子故意长。明日隔山岳,世事两茫茫。

       ——《赠卫八处士》

互相打听打听老朋友的近况吧,结果有一半做了新鬼,眼睛不禁酸胀。

二十年过去了,不承想还能再见到卫八,以及一大家子人。想当初分别的时候,他还没结婚哪,如今,儿女都这么大了,一个个乖巧地拜见爹爹的老朋友。孩子们不知道他们的交情多深厚,一问一答的。家常话还没说完,水酒就张罗好了。恰逢夜来有雨,春韭正嫩,又熬了一锅稠粥。

卫八举起杯来,感慨这样的世道,见面太难了!来,一气喝个十杯八杯的!唉,你就是让我喝十杯,我也不会醉,就是老朋友的情深意长,让我有点上头。喝吧!明朝山长水远,世事艰难,谁知道还能不能再见一面!

乾元二年(759)三月,大唐二十万大军在相州被史思明打败——去年,史思明兵败暂降,授范阳节度使、归义郡王。现在,又叛了。

九月,史思明攻陷洛阳。

洛阳被收复两年后,再一次落入敌手。

一直到宝应元年(762)十月,唐军才再次收复洛阳。

杜甫出洛阳,第一站就是新安。

走在新安道上,他听见一片喧哗,原来新兵正在点名。

杜甫问新安的办事员:"你们这么小的县,能有多少人丁?"

小吏挺客气地回答:"昨天上级已经下发了文书,规定放宽标准,点选十六岁的中男入伍。"

唐制,丁分五等:男女始生为黄,四岁为小,十六为中,二十一为丁,六十为老。

杜甫很惊讶:"中男岁数太小了,身量也不够,怎能守住王城?"

但是,没有办法,要救亡,要图存啊!

杜甫好矛盾。

他也加入到征丁的队伍里,担任起指导员的角色,给新丁做思想工作:

"唉,收收眼泪吧,别哭坏了。天地无情,不知道心疼咱们,咱们得自己心疼自己。

"咱们的军队攻取相州,日夜盼望着收复失地。可惜错误地估计了形势,致使士兵七零八落地回到营地。

"我们就去旧有的营垒就食,训练也是挨着洛阳。挖掘城壕也不需要深到见水,放马的任务也能轻松完成。

"再说了,咱们打的可是正义之战,主帅对士兵也是相当关心的。所以送行的人,嘿,说你呢,别哭了,长官会对待你们的亲人如父如兄。"

> 客行新安道,喧呼闻点兵。
> 借问新安吏:"县小更无丁?"
> "府帖昨夜下,次选中男行。"
> "中男绝短小,何以守王城?"
> 肥男有母送,瘦男独伶俜。
> 白水暮东流,青山犹哭声。
> "莫自使眼枯,收汝泪纵横。
> 眼枯即见骨,天地终无情!
> 我军取相州,日夕望其平。
> 岂意贼难料,归军星散营。
> 就粮近故垒,练卒依旧京。
> 掘壕不到水,牧马役亦轻。
> 况乃王师顺,抚养甚分明。
> 送行勿泣血,仆射如父兄。"
>
> ——《新安吏》

杜甫继续前行。

下一站是潼关。

当初哥舒翰没能守住此地，叛军在此大杀四方，百姓血染碧草。

看见它，杜甫就肝疼。

肝疼的不止杜甫一个。他对潼关小吏出示文牒，两人攀谈了几句。

这个小吏也是忧国忧民的主儿，看杜甫忧心忡忡的模样，还安慰他，让他别怕，咱这地势，险要着哪。

不过，小吏也怕重蹈哥舒翰的覆辙，因为冒进而失了地利，遂请杜甫给士兵带话，千万要据险坚守。

> 士卒何草草，筑城潼关道。
> 大城铁不如，小城万丈余。
> 借问潼关吏，修关还备胡。
> 要我下马行，为我指山隅。
> 连云列战格，飞鸟不能逾。
> 胡来但自守，岂复忧西都。
> 丈人视要处，窄狭容单车。
> 艰难奋长戟，万古用一夫。
> 哀哉桃林战，百万化为鱼。
> 请嘱防关将，慎勿学哥舒。
>
> ——《潼关吏》

过了潼关，天色已晚，杜甫来到一个叫石壕的村子。

村子里鸡不叫狗不咬，迷之安静。夜色苍青，却没有一家掌灯。

杜甫连着拍了几户人家的门，想要借宿一晚，都被妇人告知家里男人不在，不方便,请他到别处寻寻看。

好不容易敲开一户人家的门,出来的是一个老头子,总得有六七十岁了,头发花白,脸上沟壑纵横。他接纳了杜甫,这家的老妇人还给杜甫现烧了一点开水,让他洗洗路上的风尘。

老夫妻家里破败零落,实在拿不出什么吃的。所幸杜甫还有一点干粮,可以用开水泡泡吃。为了方便杜甫吃饭,老妇人点起油灯,远远看过来,像空旷江面上一点孤零零的渔火。

令人意想不到的是,有人看见了光亮,竟堵住门口,砰砰地拍门:"开门!开门!"

一听这响动,老头子也顾不上本就不利索的腿脚了,他站起身来,慌慌张张地爬过短墙。老妇人一边应着"谁呀?来啦,来啦",一边看自家老头越过墙头,往野地里跑。

一开门就迎来劈头盖脸的一通教训:"怎么这么久才开门!我们是来替朝廷征兵的,你们家的青壮男丁呢?都叫过来!"

老妇人弯着腰,对着他们一个劲儿地行礼,又情不自禁地抹起眼泪:"官差老爷,不要发怒,听我老婆子细细地对您说。我本来有三个儿子,都已被征走戍守邺城了。前儿刚有一个儿子托人捎信,说是他的两个兄弟都战死了。我的家里再没别人了,就只有一个还在吃奶的小孙孙。因为有这个孩子在,他的娘亲才没有离开我家另找生路。可是我对不住我的媳妇,她出来进去的,都没有一件不那么破旧露肉的衣裳。"

估计是听这样的诉苦听多了,官吏们并没有表示任何的同情,只是一个劲儿地催逼,大概是想让她拿钱收买他们吧。可是这么一个破落的穷家,哪里还能拿出一文钱?

老妇人也没有法子,真要把自家老头供出去的话,家里就连个能顶门立户的男人都没有了,小孙孙只能饿死。实在没办法,她心下一横:"这样吧,官爷,你们看我行不行?我虽然老了,也没什么力气,但还能给咱们的军队做饭。"

天色更晚了,已是深夜。遥遥的似乎听见有人在哭泣,幽幽的,听不真切。到了天明,杜甫要上路了,给他送别的,只有孤独的老翁。

> 暮投石壕村,有吏夜捉人。
> 老翁逾墙走,老妇出门看。
> 吏呼一何怒,妇啼一何苦。
> 听妇前致词,三男邺城戍。
> 一男附书至,二男新战死。
> 存者且偷生,死者长已矣。
> 室中更无人,唯有乳下孙。
> 有孙母未去,出入无完裙。
> 老妪力虽衰,请从吏夜归。
> 急应河阳役,犹得备晨炊。
> 夜久语声绝,如闻泣幽咽。
> 天明登前途,独与老翁别。
> ——《石壕吏》

第六节
他成为诗圣，应该的

杜甫一路走来，所见俱是分别。

相濡以沫数十年的老夫妻分别，是宁静的沉痛；子女与父母分别，是利刃快割的生疼；新婚夫妻分别，是一点一点把一个人生撕成两半。

杜甫穿行在被征的新丁与家人告别的场景里，像做了一场噩梦。

其中一对新人吸引了他的视线。

两个人还穿着结婚时的衣衫，显然是连流程都没有走完，就被官差强行拖了出来。

妻子拉着新婚丈夫的衣袖眼泪双双落，半含嗔恨半含怨：

> 兔丝附蓬麻，引蔓故不长。
> 嫁女与征夫，不如弃路旁。
> 结发为君妻，席不暖君床。
> 暮婚晨告别，无乃太匆忙。
> 君行虽不远，守边赴河阳。
> 妾身未分明，何以拜姑嫜？
> 父母养我时，日夜令我藏。
> 生女有所归，鸡狗亦得将。
> 君今往死地，沉痛迫中肠。

誓欲随君去,形势反苍黄。
勿为新婚念,努力事戎行。
妇人在军中,兵气恐不扬。
自嗟贫家女,久致罗襦裳。
罗襦不复施,对君洗红妆。
仰视百鸟飞,大小必双翔。
人事多错迕,与君永相望!
——《新婚别》

菟丝附着低矮的蓬麻生长,它的蔓儿没法长长。
让我嫁给从军的人,不如把我扔在大路旁。
咱们虽为结发夫妻,可我连床席都没有睡暖。
晚上刚刚成亲,早晨就告别了,咱们这喜事结束得太匆忙。
虽然离家不是很远,可也是边防前线。
我们还没有拜祭过祖先,我的身份尚未明了,怎么去拜见高堂?
父母生养我,日日夜夜把我深藏。
好不容易嫁了人,他们只盼我能够平安福长。
你今天要去那必死之地,深深的痛苦压迫着我的肝肠。
我想跟你去啊,可是形势多变,跟也跟不上。
我的相公,你也别因为刚结婚就分别而难过了,好好地当兵。
我不能跟你走了,女人在军队里,怕会影响士气。
唉,我是穷人家的闺女,好不容易才置了这套好衣裳。
从现在起,我就不再穿它了,也会洗掉红装。
抬头看看,鸟儿正自由飞翔,不论大小都成对成双。

人间事却总不遂人愿，我和你分居两地，也会同心不忘。

乱世婚姻，倾城之恋。

诗里写着新妇等丈夫，可是丈夫会回来吗？能回来吗？可以完完整整地回来吗？

一个女人，在乱世生存，太难了。就像《石壕吏》里那个带小孩"出入无完裙"的年轻母亲。

也许有一天，她的公公或者婆婆也会被征役。

也许有一天，敌人杀了进来，她们都会死无全尸。

杜甫的诗，就像一场电影，围绕一个主题，构筑完整的情节。

老妇人被征，写了《石壕吏》；新婚男子被征，写了《新婚别》；老头子跳墙跑了，看似逃过一劫，却没想到，在这次的情节里到底被征了。

这次，是他走了，留下了没人管的老婆子：

四郊未宁静，垂老不得安。
子孙阵亡尽，焉用身独完！
投杖出门去，同行为辛酸。
幸有牙齿存，所悲骨髓干。
男儿既介胄，长揖别上官。
老妻卧路啼，岁暮衣裳单。
孰知是死别，且复伤其寒！
此去必不归，还闻劝加餐。
土门壁甚坚，杏园度亦难。
势异邺城下，纵死时犹宽。

人生有离合,岂择衰盛端?
忆昔少壮日,迟回竟长叹。
万国尽征戍,烽火被冈峦。
积尸草木腥,流血川原丹。
何乡为乐土,安敢尚盘桓?
弃绝蓬室居,塌然摧肺肝!
——《垂老别》

如今,垂垂老矣的老头子,终于也要应征上前线了。

他的儿子死在了战场,他的孙子也死在了战场。

他们住的是四面漏风的窝棚,老妻睡着身上疼,想儿子想得心里寒。他忍住心酸,扔了拐杖,努力做出身板挺直的模样,跨出了家门。

他虽然老了,但他是一个老了的男子汉。

老妻在身后声声地哭着,唤着,他不敢回头,他怕回了头就腿软得走不动路了。

可是他又不能不回头,把她冻坏了,谁来照顾呢?

老伴也知道他的壮志不可改,只好声声劝他多吃几口饭。

普通兵丁的饭,都是掺沙的米,上了年纪,胃口不好,能多吃几口呢?

这一去,生离也是死别,风萧萧兮易水寒,壮士一去兮不复还。

壮烈吗?

不。

偌大的大唐,让自己的万千子民活成了什么模样?幼无所长!老无所养!让人埋骨异乡!让人哭泣对空床!

《后出塞》里那个逃跑的小兵,如今回到了他的村庄。

他印象里的家乡,公鸡喔喔啼,母鸡咯咯叫,大狗小狗汪汪汪,小孩乱跑,大人笑。

如今回到家乡,鸡呢?狗呢?人呢?怎么到处都是蒺藜,怎么蒿草长得比人高?

他像个孤魂游走在空村,日色淡薄,空巷一条又一条。

哎呀!竟意外瞥见了人影,他疾步走近。原来是一两个眷恋故土的老寡妇,她们无处可去,呆坐门前等死。

何必说她们,自己不也是宿鸟留恋枝头,离人怀念故土?罢了,既然回了家,就不能让土地闲着。春天了,他扛起锄头下田,一干就是一整天。结果县吏知道他回来了,马上又征召他去服役:

> 寂寞天宝后,园庐但蒿藜。
> 我里百余家,世乱各东西。
> 存者无消息,死者为尘泥。
> 贱子因阵败,归来寻旧蹊。
> 久行见空巷,日瘦气惨凄。
> 但对狐与狸,竖毛怒我啼。
> 四邻何所有,一二老寡妻。
> 宿鸟恋本枝,安辞且穷栖。
> 方春独荷锄,日暮还灌畦。
> 县吏知我至,召令习鼓鞞。
> 虽从本州役,内顾无所携。
> 近行止一身,远去终转迷。

家乡既荡尽,远近理亦齐。
永痛长病母,五年委沟溪。
生我不得力,终身两酸嘶。
人生无家别,何以为蒸黎。
　　——《无家别》

有家,才能称得上分别;没有家人,又能与谁分别?
写到这里,鬼神哭泣。

"国家不幸诗家幸,赋到沧桑句便工。"有人说杜甫幸运,这样的国运和时势,成就了他"诗史"的诗,和"诗圣"的圣。
啊呸!
他成为诗圣,应该的。

第七章 在路上

第一节
陇头流水,流离山下

乾元二年(759),又一个炎炎夏日。

不知道是不是死的人太多了,好不容易下点雨,连地皮都染不湿:

………………

上苍久无雷,无乃号令乖。
雨降不濡物,良田起黄埃。
飞鸟苦热死,池鱼涸其泥。
万人尚流冗,举目唯蒿莱。

叛军如虎如豺,横行河北,王师何在?饭摆在跟前都没心情吃,真是闷得很:

至今大河北,化作虎与豺。
浩荡想幽蓟,王师安在哉。
对食不能餐,我心殊未谐。
眇然贞观初,难与数子偕。

官兵围困安庆绪的六十万人马于邺城,没想到竟被史思明带兵解了围,官兵溃散。更令人意想不到的是，史思明又杀了安庆绪。

——原来官兵溃散后，遗留下六七万石粮食。这时候的粮食堪比黄金，史思明膨胀了。

他计杀安庆绪，整军入邺城，财物分将士，返回范阳城，自立为大燕皇帝。

史思明在范阳称帝后，下一个目标就是洛阳。

华州在今日的陕西渭南、华县、华阴、潼关一带，也是战争的热门发生地。

怎么办？

这个官还当不当？

杜甫焦躁不安。

他已经知道当官是什么滋味了，真没意思。

> 日月不相饶，节序昨夜隔。
> 玄蝉无停号，秋燕已如客。
> 平生独往愿，惆怅年半百。
> 罢官亦由人，何事拘形役。
> ——《立秋后题》

当不上官的时候，拼了命地想当官；当上官了，又想赋自己的《归去来兮辞》。

算了，不当这个官了，给家里人找一条活路吧。

想找活路，当务之急是脱离战争的旋涡。

秦州，也就是如今的甘肃天水一带，属陇右道。自秦汉以来，汉民与氐、羌在此杂居，山高皇帝远，战争还未波及。

而且,当初给过杜甫很多帮助的老友赞公在秦州,去到那里,起码还有个人可以投奔。

杜甫的侄儿杜佐也在秦州东柯谷。他居官而退隐,在小庄园里种了些瓜瓜菜菜——对于杜甫来说,这就是天堂了。

所以,乾元二年(759)秋,四十七岁的杜甫辞官不做,带着一家人去往秦州。

要去秦州,先要翻越陇山。

陇山高两千多米,山势陡峻,山路九转。

《陇头歌辞》中写:

陇头流水,流离山下。念吾一身,飘然旷野。

又说:

陇头流水,鸣声幽咽。遥望秦川,心肝断绝。

说陇山,知道的人也许少些。六盘山却是大名鼎鼎的。南段称陇山,北段就是六盘山了。

盘旋曲折的山路走着一只只蚂蚁一样的小人,人们小心攀缘行进着,这样拼命,为的是死里求生。

杜甫一边走着,一颗心仍旧惶惶不安,秦州若也有战事,他这一大家子人往哪儿去!

果然,安史之乱一起,陇西精锐都东征了,边防空虚,吐蕃来了。吐蕃是大唐强时它就示弱；大唐弱了，它就露出獠牙。

烽火狼烟，动荡不安。鼓角争鸣，羌笛声怨。胡笳起兮，降虏千帐。羽书往还，络绎不绝。

简直了，哪里都不平安。

第二节
囊中羞涩,无米下锅

杜甫一家受过盘查,进了城,找了一间又小又破的客栈暂且容身。他不敢暂歇,马上去找了赞公。

二人畅叙别后情形,杜甫向赞公提起自己的侄儿杜佐,说能不能请赞公安排他带着一家人先在寺院暂住几天,他会去找杜佐安排一家人的居处——自然是住到东柯谷去。

杜甫听人说东柯谷可好了:

> 传道东柯谷,深藏数十家。
> 对门藤盖瓦,映竹水穿沙。
> 瘦地翻宜粟,阳坡可种瓜。
> 船人近相报,但恐失桃花。
> ——《秦州杂诗·其十三》

杜甫心里一直有世界大同的想法,他觉得别人的想法也和他一样。
但是失望是一定的。
杜甫和家人在杜佐家住过一阵儿,实在是孩子们也闹腾,杜佐也不适应。
后来,赞公在城南的西枝村给杜甫找了一块地方,想着让他盖几间草堂。
但是,杜甫没钱。

于是杜甫一家住进了秦州郊外的一间破房。天气冷了下来,到了夜里,无衣无被,冻得睡不着觉,肚皮也空空。

> 翠柏苦犹食,晨霞高可餐。
> 世人共卤莽,吾道属艰难。
> 不爨井晨冻,无衣床夜寒。
> 囊空恐羞涩,留得一钱看。
> ——《空囊》

实在是没米下锅,只好又去找他的侄儿。他给杜佐写诗,一气写了三首。第一首直接表明目的:

> 旧谙疏懒叔,须汝故相携。

你的这个为人疏懒的叔叔,需要你一如既往的帮助。
怎么帮助呢?

> 白露黄粱熟,分张素有期。
> 已应舂得细,颇觉寄来迟。
> 味岂同金菊,香宜配绿葵。
> 老人他日爱,正想滑流匙。

白露时节,黄粱正好熟了。想来你应该已经将高粱去壳留米了,我觉得你寄来得太迟了。它跟金菊可不是一个味儿,香劲儿正好跟绿色的葵菜相配。

甚闻霜薤白，重惠意如何。

要完粮食，又要菜。你们家的薤菜又翠又绿，经霜之后，滋味甚美，多给我一点，怎么样？

杜甫天真，觉得血脉亲情大过天，所以他张口张得理直气壮。

他身处十分坎坷的境地也思念他的亲人们，可是他的亲人们并不喜欢他，也并不思念他。

第三节
留花门

天气越来越冷了,杜甫挖了一些草药,在秦州城的街道上摆了一个小摊子。

杜甫摆摊摆得并不孤独,这时的秦州是西北丝路上的重镇,地摊文化相当流行。

从中原来的人相当惊奇地看着骑马摔跤、挥刀劈砍木桩、弯弓搭箭射飞鸟的异族人。杜甫还看到了一匹汗血宝马哩。

他来秦州之后,作了二十首记录所见所想的杂诗,其中第三首是这样写的:

州图领同谷,驿道出流沙。
降虏兼千帐,居人有万家。
马骄朱汗落,胡舞白蹄斜。
年少临洮子,西来亦自夸。

可惜,他自己的老马,可难看了,又老又秃。

这天,杜甫的中药摊子前来了一个人,说话怪里怪气的。旁边有人跟他打招呼:"阮大先生,您也来逛街啊。"

那人漫不经心地点点头:"嗯,嗯。"又转身走了。

此人走后,两边的摊主开始你一言我一语地说他的逸事。原来这个人叫阮昉，很有才气，也很有脾气，就是不肯做官。

杜甫一听，眼睛都亮了。此地偏远，也一样人杰地灵。于是他打听了阮昉的住处，恰好顺路，收了摊后，跑去拜访。

阮昉的家柴门短墙，院子倒是不小，里头种了菜。见一个其貌不扬的干瘦老头儿拍门，也不纳闷儿，自来熟地问："来啦？"

杜甫点点头："来了。"

"喝茶不？"

"有就喝一碗。"

两个人有一搭无一搭地说了会儿话。杜甫告诉他自己从东边来，东边现在正在打仗。

阮昉说："这儿也快了。"

杜甫一惊。

阮昉抬眼看着他："吐蕃人多嚣张，你没看见？"

阮昉看杜甫总是看自家院里的薤菜，干脆咔嚓咔嚓一顿揪采，捆扎成三十个小捆，装进筐里，放在老马背上，让杜甫走时带回家。

后来，杜甫离开秦州，还专门给阮昉写了一首诗：

> 陈留风俗衰，人物世不数。
> 塞上得阮生，迥继先父祖。
> 贫知静者性，白益毛发古。
> 车马入邻家，蓬蒿翳环堵。
> 清诗近道要，识子用心苦。
> 寻我草径微，褰裳踏寒雨。

更议居远村，避喧甘猛虎。
足明箕颍客，荣贵如粪土。
——《贻阮隐居昉》

回家的路上，经过一片菜地。已是秋后，有农民正在除瓜架子，随手将摘下来的老瓠子扔到一边，还用脚踢了踢，嫌在脚下碍事。

杜甫问："可惜了儿的瓠子，怎么不要了？"

菜农说："老了，不中吃了。"

杜甫弯腰抱起："那我抱走吧，行不？"

菜农一摆手："抱走呗。"

束薪已零落，瓠叶转萧疏。
幸结白花了，宁辞青蔓除。
秋虫声不去，暮雀意何如。
寒事今牢落，人生亦有初。
——《除架》

有了这些薤菜和瓠子，加上打发孩子们拾的橡实，想来这几天的菜饭是有了。只是天气越来越冷，饭菜怕是越来越难觅了。一边想，一边回头又看看被清理得七零八落的菜畦：

秋蔬拥霜露，岂敢惜凋残。
暮景数枝叶，天风吹汝寒。
绿沾泥滓尽，香与岁时阑。

> 生意春如昨，悲君白玉盘。
>
> ——《废畦》

生活是问题。

活命更是问题。

吐蕃的野心，杜甫有所察觉，而回纥也开始骑在大唐的头上耍横。

这年九月，史思明攻陷洛阳，回纥趁势勒索给养，否则就不帮大唐打仗，收复洛阳。

> 北门天骄子，饱肉气勇决。
> 高秋马肥健，挟矢射汉月。
> 自古以为患，诗人厌薄伐。
> 修德使其来，羁縻固不绝。
> 胡为倾国至，出入暗金阙？
> 中原有驱除，隐忍用此物。
> 公主歌黄鹄，君王指白日。
> 连云屯左辅，百里见积雪。
> 长戟鸟休飞，哀笳曙幽咽。
> 田家最恐惧：麦倒桑枝折。
> 沙苑临清渭，泉香草丰洁。
> 渡河不用船，千骑常撇烈。
> 胡尘逾太行，杂种抵京室。
> 花门既须留，原野转萧瑟。
>
> ——《留花门》

花门即回纥,其祖先乃匈奴,逐水草而居,骁勇善骑射。每到秋天,马壮膘肥,会越长城而过,跑到中原打草谷。

回纥是天之骄子,他们吃肉吃到饱,英勇好战。

秋高气爽马肥壮,他们张着弓箭射汉月。

自古就是大祸患,诗人早已经听厌了他们的征伐。

当然要修德睦邻招揽他们,怀柔政策也不能断绝。

可是为什么要让他们倾国而至?他们出出入入,使得金阙暗淡。

中原需要驱除叛军,不得已而用之。

宁国公主唱起了"黄鹄"的悲歌,天子为取信于人指天发誓。

回纥兵马屯驻在左辅,铺陈百里,如同积雪。

他们的长戟密密竖起,连鸟儿都飞不过去,胡笳幽咽响彻晨光。

农人对他们最为恐惧,因为他们踏倒了麦田,折断了桑枝。

沙苑临着清清的渭水,泉水甘美而青草丰洁。

回纥骑兵渡河不用船,千骑奔腾,风驰电掣。

叛军的烟尘越过太行山,再次攻占了洛阳。

回纥的兵马不得不留下御敌,只是田野又会因此萧瑟。

在这首《留花门》里,出现了一位公主。

战争让女人走开?

不,战争让女人和亲。

《黄鹄歌》是西汉细君公主所作的诗歌:

吾家嫁我兮天一方,远托异国兮乌孙王。

穹庐为室兮旃为墙，以肉为食兮酪为浆。

居常土思兮心内伤，愿为黄鹄兮归故乡。

杜甫诗里写的，是唐肃宗的女儿宁国公主。

安禄山叛乱后，郭子仪建议肃宗向回纥求助，与大唐军队组成联合部队。

回纥葛勒可汗（英武威远可汗）派太子叶护与当时的广平王、后来的唐代宗李俶（后改名李豫）在甘肃歃血为盟，约为兄弟，带精兵四千人日夜兼程赶来助战。

乾元元年（758），葛勒可汗遣使求婚，唐肃宗便将女儿嫁给了回纥王。

半年不到，葛勒可汗一命呜呼。按照回纥人的风俗，宁国公主是要殉葬的。她拿刀划破脸，自毁容貌，用来替代殉葬。

第二年，在宁国公主的万般恳求下，唐肃宗派人接她回了京城。

但是当初和亲的目的，落空了。

闻道花门破，和亲事却非。

人怜汉公主，生得渡河归。

秋思抛云髻，腰支胜宝衣。

群凶犹索战，回首意多违。

——《即事》

杜甫在秦州还遇见过一个美丽的女子，也是一如既往地薄命。

她在空谷幽居，兄弟都被杀了。为求生活，草草地嫁了人。这个人轻薄好色，新娶一房娘子。他们在新房里卿卿我我，甜甜蜜蜜，没有听见她的哭泣。也没有人给她生活费，她只好派丫鬟卖珠子换钱，修补栖身的茅屋。摘花只是习惯性动作,想想没人待见了,也懒得插上。倒是采了不少的柏树子,因为这东西可以吃。天冷了,可怜妇人衣衫单薄,日色已晚,独倚修竹。

> 绝代有佳人,幽居在空谷。自云良家子,零落依草木。
> 关中昔丧败,兄弟遭杀戮。官高何足论,不得收骨肉。
> 世情恶衰歇,万事随转烛。夫婿轻薄儿,新人美如玉。
> 合昏尚知时,鸳鸯不独宿。但见新人笑,那闻旧人哭。
> 在山泉水清,出山泉水浊。侍婢卖珠回,牵萝补茅屋。
> 摘花不插发,采柏动盈掬。天寒翠袖薄,日暮倚修竹。
> ——《佳人》

可以当他是写实,也可以当他是借人作寓。美人再美,夫君不爱,没用。杜甫一腔爱国情怀,不被赏识,也没用。

被和亲的公主、娘家人死光了的佳人,还有一个丈夫被征召从军的妻子,拼命地捣衣,一边捣一边哭:

> 亦知戍不返,秋至拭清砧。
> 已近苦寒月,况经长别心。
> 宁辞捣衣倦,一寄塞垣深。
> 用尽闺中力,君听空外音。
> ——《捣衣》

唉,女人。

第四节

凉风起天末,君子意如何

杜甫想起了李白兄。

当年一别,再没见过。

杜甫困守长安的那十年,李白其实是到过长安的,不过没有见面。

杜甫被贬出长安的时候,李白也因为上了永王李璘的船,倒了大霉,最终于乾元元年(758)长流夜郎。

杜甫刚到秦州时,听说李白在去夜郎的路上堕水而亡了。

想起前情,心里难过;这种情绪被带到梦里,杜甫梦见李白了:

> 死别已吞声,生别常恻恻。
> 江南瘴疠地,逐客无消息。
> 故人入我梦,明我长相忆。
> 恐非平生魂,路远不可测。
> 魂来枫林青,魂返关塞黑。
> 君今在罗网,何以有羽翼?
> 落月满屋梁,犹疑照颜色。
> 水深波浪阔,无使蛟龙得。
>
> ——《梦李白·其一》

一首诗写完,还是堵心得厉害。

天上云彩飘来飘去,远游的故人却总也不来。

连着三夜频频梦见你,可见你我的深情厚谊。

分别时心情局促不舒,彼此都道相见不易。

我真担心湖上多风波,你的船真的会被击沉。

出门时揪着短短的满头白发,知道自己辜负了平生之志。

京都的那些个当官的,一个个荣华富贵,你才华盖世,却失意憔悴。

别再说什么天理公道无欺,你这么一个老人却无辜受累。

有流传千秋万世的美名又能怎样,死去了谁知道你活着时是享福还是受罪。

> 浮云终日行,游子久不至。
> 三夜频梦君,情亲见君意。
> 告归常局促,苦道来不易。
> 江湖多风波,舟楫恐失坠。
> 出门搔白首,若负平生志。
> 冠盖满京华,斯人独憔悴。
> 孰云网恢恢,将老身反累。
> 千秋万岁名,寂寞身后事。
> ——《梦李白·其二》

后来,又有消息传来,说李白没死。杜甫也不知道是日子过得太苦还是怎么着,高兴都高兴不起来了:

> 凉风起天末,君子意如何?

鸿雁几时到,江湖秋水多。
文章憎命达,魑魅喜人过。
应共冤魂语,投诗赠汨罗。
　　　　　——《天末怀李白》

再后来,又有消息传来,说李白不但没死,而且还遇赦,要回来了。这下杜甫高兴了,觉得苍天到底不肯辜负人。

心情好了,就收不住,诗写得挺长:

昔年有狂客,号尔谪仙人。笔落惊风雨,诗成泣鬼神。
声名从此大,汨没一朝伸。文采承殊渥,流传必绝伦。
龙舟移棹晚,兽锦夺袍新。白日来深殿,青云满后尘。
乞归优诏许,遇我宿心亲。未负幽栖志,兼全宠辱身。
剧谈怜野逸,嗜酒见天真。醉舞梁园夜,行歌泗水春。
才高心不展,道屈善无邻。处士祢衡俊,诸生原宪贫。
稻粱求未足,薏苡谤何频。五岭炎蒸地,三危放逐臣。
几年遭鹏鸟,独泣向麒麟。苏武先还汉,黄公岂事秦。
楚筵辞醴日,梁狱上书辰。已用当时法,谁将此义陈。
老吟秋月下,病起暮江滨。莫怪恩波隔,乘槎与问津。
　　　　　——《寄李十二白二十韵》

写诗不在长短,要紧的是要有警句。所谓辞藻警人,余香满口。

这首诗里有"笔落惊风雨,诗成泣鬼神"一句,就够了。

杜甫写给李白的这几首诗中皆有警句:"死别已吞声,生别常恻恻""冠盖满京华,斯人独憔悴""千秋万岁名,寂寞身后事""文章憎命达,魑魅喜人过"……

李白是世人皆曰可杀的"国贼",杜甫却敢写诗给他。

开篇就惊风搅雨,直接夸李白的诗是"笔落惊风雨,诗成泣鬼神"。

杜甫出身世家,成天和官场上的人打交道,还这么耿直。

老朋友郑虔也被贬去当台州司户了。杜甫也想他,也给他写长诗。

杜甫不知道那地方什么样,想象中是"山鬼独一脚,蝮蛇长如树",而且无朝无暮地都有大风大浪。

年轻时或许还想着我命由我不由天,岁数越大,就越发地明白"性命由他人,悲辛但狂顾"。他觉得郑老夫子是阮籍、嵇康那一流的人物,却不为时世所容。

> 天台隔三江,风浪无晨暮。郑公纵得归,老病不识路。
> 昔如水上鸥,今如罝中兔。性命由他人,悲辛但狂顾。
> 山鬼独一脚,蝮蛇长如树。呼号傍孤城,岁月谁与度。
> 从来御魑魅,多为才名误。夫子嵇阮流,更被时俗恶。
> 海隅微小吏,眼暗发垂素。黄帽映青袍,非供折腰具。
> 平生一杯酒,见我故人遇。相望无所成,乾坤莽回互。
>
> ——《有怀台州郑十八司户(虔)》

读杜甫写给郑虔的诗,"几于一字一泪"。

杜甫也想念他的弟弟们:

戍鼓断人行,边秋一雁声。
露从今夜白,月是故乡明。
有弟皆分散,无家问死生。
寄书长不达,况乃未休兵。
——《月夜忆舍弟》

好一个"露从今夜白,月是故乡明"!

第五节
同谷七歌

杜甫在秦州住了不到四个月。没房没田,没衣没饭。

他收到了同谷县宰给他写的信。

同谷的治所在如今的甘肃康县,因治内两水同聚一谷而得名。这个县宰在来信中把同谷好好地夸赞了一番,说此地环境好,附近的栗亭良田里出产薯蓣,山崖中有蜂蜜,竹林中有冬笋。

都是吃的啊!孩子们正饿得哇哇哭呢!

那么,走吧。

初冬十月,也没什么可收拾的,老马拉着一辆破车,车上装点破烂,一家人又上路了。

半夜也无处可投宿,只好赶着车继续走。抬头看,星月皎洁,云雾苍茫,乾坤如斯之大,我辈的大道这样漫长。

> 我衰更懒拙,生事不自谋。无食问乐土,无衣思南州。
> 汉源十月交,天气凉如秋。草木未黄落,况闻山水幽。
> 栗亭名更佳,下有良田畴。充肠多薯蓣,崖蜜亦易求。
> 密竹复冬笋,清池可方舟。虽伤旅寓远,庶遂平生游。
> 此邦俯要冲,实恐人事稠。应接非本性,登临未销忧。
> 溪谷无异石,塞田始微收。岂复慰老夫,惘然难久留。

日色隐孤戍,乌啼满城头。中宵驱车去,饮马寒塘流。
磊落星月高,苍茫云雾浮。大哉乾坤内,吾道长悠悠。

——《发秦州》

天冷了,冰厚霜浓。早晨从赤谷亭出发,艰难险阻就此开始。

路上乱石堆叠,风又大又冷,干粮又冷又硬,大冬天的,找了一个背风的山壁过夜,一家人挤成一团。

他们徒步走过铁堂峡,峡壁峭立,颜色黝黑,像是铁做的。路太难走了,老马的骨头都折了。这可怎么办!只能各人背着包袱,徒步往前走了。

铁堂峡在天水县东五里。他们过了天水县,来到礼县。这里有盐井,杜甫以前没有见过。

卤中草木白,青者官盐烟。
官作既有程,煮盐烟在川。
....

——《盐井》

走过了盐井,又要穿过寒峡。雾气蒙蒙的,阳光昏黄,一行人饿了就坐在路边点补一口。杜甫给家里人做思想工作:咱们一家人已经免了赋税徭役,知足吧,别再因为路太难走而抱怨。

——这话应该是对孩子们说的。孩子们跟着他到处辗转,日子真的难过。兵荒马乱的,也没办法学到什么。杜甫的后代都被淹没在历史长河中,估计有的孩子连大字都不识几个。

此后一路,他们又经过了法镜寺、青阳峡、龙门镇……

亭亭凤凰台，北对西康州。
西伯今寂寞，凤声亦悠悠。
山峻路绝踪，石林气高浮。
安得万丈梯，为君上上头。
恐有无母雏，饥寒日啾啾。
我能剖心出，饮啄慰孤愁。
心以当竹实，炯然无外求。
血以当醴泉，岂徒比清流。
…………

——《凤凰台》

凤凰台在同谷东南十里，地势高峻。杜甫想，估计上面有失母的凤雏。凤凰高洁，非竹实不食，非醴泉不饮。好吧，那就用我的心当竹实，用我的血当醴泉吧。为什么要这么牺牲？因为他希望凤凰长大后可以口衔瑞图，飞入长安，"再光中兴业，一洗苍生忧"。

安逸的时候说爱国爱民，那不是真的爱国爱民。

困苦难当时也关心国运民生，才是真的爱国爱民。

这天，到了积草岭，这已经是同谷地界。

终于到了。

杜甫心里充满希望和对于投奔目标的亲热：

卜居尚百里，休驾投诸彦。

邑有佳主人，情如已会面。

可是，在杜甫这个热衷以诗记史的人后来的诗里，再也没有出现过"佳主人"的影子。

估计那人当初只是在信里随口一提，没想到杜甫是给个棒槌就认成针的主儿，真的带着一大家子人来投奔了。

人家傻眼了。

杜甫也傻眼了。

  有客有客字子美，白头乱发垂过耳。
  岁拾橡栗随狙公，天寒日暮山谷里。
  中原无书归不得，手脚冻皴皮肉死。
  呜呼一歌兮歌已哀，悲风为我从天来。

有个游子叫子美，白发蓬乱垂过耳，整天跟着猴子捡橡子。

中原不通音信，有家也不能回。

手脚冻裂，皮肉坏死，一张嘴唱出来的就是哀歌。

  长镵长镵白木柄，我生托子以为命。
  黄独无苗山雪盛，短衣数挽不掩胫。
  此时与子空归来，男呻女吟四壁静。
  呜呼二歌兮歌始放，闾里为我色惆怅。

长铲长铲白木头做杆，我要靠着你活命。

我带着你去山上挖药材去吧,结果雪那么深,找不到黄精。

我的衣裳又薄又短,露着的小腿又冷又疼。

咱们空手而归,回到家只听男娃娃哭,女娃娃哼。大人吃不上饭,没力气发出动静。

我张嘴发出的是悲苦的声音,乡邻们都深表同情。

> 有弟有弟在远方,三人各瘦何人强?
> 生别辗转不相见,胡尘暗天道路长。
> 东飞驾鹅后鹜鸽,安得送我置汝旁。
> 呜呼三歌兮歌三发,汝归何处收兄骨?

我有弟弟啊,弟弟都在远方。他们那么瘦弱,谁又比谁更强?

我们各自辗转不能见面,胡人掀起的战土漫天,人间的道路那么漫长。

东飞的驾鹅后面跟着鹜鸽,怎么才能送我到你们身旁?

我第三次张嘴,悲歌再次迸发,你们要到哪里才能收你们的哥哥的尸骨啊?

> 有妹有妹在钟离,良人早殁诸孤痴。
> 长淮浪高蛟龙怒,十年不见来何时?
> 扁舟欲往箭满眼,杳杳南国多旌旗。
> 呜呼四歌兮歌四奏,林猿为我啼清昼。

我有妹妹呀,妹妹在钟离,她的丈夫早已去世,孩子们还都不懂事。淮河浪头那么高,是不是蛟龙发怒了?兄妹不见已有十年,什么时候才能相见?我想乘船去看她呀,可是到处都飞着利箭,遥远的南国也有那么多战事争端。我第四次张开嘴，想不到还是哭泣，就连深林里的猿猴都为我悲啼。

  四山多风溪水急，寒雨飒飒枯树湿。
  黄蒿古城云不开，白狐跳梁黄狐立。
  我生何为在穷谷？中夜起坐万感集。
  呜呼五歌兮歌正长，魂招不来归故乡。

此地四面环山，风又大，水又急。
黄蒿古城上空总是云雾蒙蒙的，白狐跳过屋梁，黄狐又像人那样站立。
我怎么就活着来到这么个穷乡僻壤了？大半夜的睡不着觉，坐起身来，百感交集。
张嘴发出第五声，叹息那么长，魂已经去了故乡，招不回来了。

  南有龙兮在山湫，古木岧峣枝相樛。
  木叶黄落龙正蛰，蝮蛇东来水上游。
  我行怪此安敢出，拔剑欲斩且复休。
  呜呼六歌兮歌思迟，溪壑为我回春姿。

同谷南边有龙，它生在万丈深潭，古树参天，枝枝杈杈，曲曲弯弯。
树叶枯黄飘落，龙正蛰伏睡觉；东边来了一条蝮蛇，跑到上游游泳。
我觉得怪异，不敢出来，想拔剑斩了这头怪物，却又犹豫不决。
啊，我张嘴唱起第六支歌，溪水山谷好像为我带上了春意。

  男儿生不成名身已老，三年饥走荒山道。

长安卿相多少年，富贵应须致身早。
山中儒生旧相识，但话宿昔伤怀抱。
呜呼七歌兮悄终曲，仰视皇天白日速。

我是一个男子汉啊，还未建功成名，转眼却已老去。

三年来忍饥挨饿，行走在荒山野道。长安的卿相都是少年人，追求荣华富贵还是要趁早。

山里的读书人都是我的老朋友，说起过往大家都心里难过。

唉！我唱起第七首歌，歌声悄悄。抬头看苍天悠悠，光阴在飞跑。

这就是杜甫来到同谷，捶胸顿足，写下的《同谷七歌》。

苦吗？

苦。

想哭吗？

想哭。

还在这儿待吗？

不。

去哪里？

成都。

第六节
成都路遥

大约在同谷住了一个来月吧,乾元二年(759)十二月,杜甫一家人继续起程。

一边走,一边算账,这一年,命犯驿马星,走了四次漫漫长途——

三月,由洛阳赶回华州,一路上兵荒马乱;

七月,由华州逃荒到秦州;

十月,由秦州南下同谷;

现在,又要从同谷到蜀郡:

> 始来兹山中,休驾喜地僻。
> 奈何迫物累,一岁四行役。

杜甫说他"去住与愿违,仰惭林间翮",去也好,留也好,都与自己的愿望相悖。抬头看林中飞鸟,自惭连它们也比不上——我也有翅膀就好了!

他们来到了木皮岭,大冬天的,走得汗流浃背。远远看去,飞云漫卷,千山前奔。

翻过高山,又是大江,他们到了白沙渡。

走远路的人都知道,宁登山,不渡水。水上的状况百出,比陆地险恶多了。

过了大江,就要走栈道,高高的像在云彩里,吓死个人。

歇了歇，继续往前走吧。

接下来要走的仍旧是栈道。刚才的栈道是飞仙阁，这次的则是五盘岭。

飞仙阁听起来就是一个字：高。

五盘岭听起来也是一个字：长。

好在五盘岭不那么险峻，景色也不错，杜甫的心情舒缓了。但是想到洛阳仍遭着兵火，弟弟妹妹仍四散流落，便又觉得就算成都万事都好，也不如老家好：

> 东郊尚格斗，巨猾何时除。
> 故乡有弟妹，流落随丘墟。
> 成都万事好，岂若归吾庐。

过了五盘岭，又是龙门阁，还有石栏桥。

栈道，栈道，栈道。

路平如镜的地方怎么会修栈道？有栈道的地方怎么可能是坦途大道？

眼前是桔柏渡，江面上架着一道长长的竹桥，竹索被露水打得又湿又滑。就要入西蜀地界了，不能再怀念以前的日子，以后会有新的际遇。算了，再怎么自我安慰，前路也是茫茫，还是继续逢山开路，遇水架桥。

再往前，就是著名的剑门关了：

> 唯天有设险，剑门天下壮。
> 连山抱西南，石角皆北向。
> 两崖崇墉倚，刻画城郭状。
> 一夫怒临关，百万未可傍。

李白在《蜀道难》里写过"一夫当关,万夫莫开",杜甫表达得更夸张,一夫当关,百万莫开。

处在这么险的地势,才有成为独立王国的底气,所以"三皇五帝前,鸡犬各自放"。

就是这个所谓的独立王国,里面的人也是打来打去,所谓"并吞与割据,极力不相让"。

——这是杜甫的忧虑。

他不是在说历史,他是在忧虑现实。

吾将罪真宰,意欲铲叠嶂。
恐此复偶然,临风默惆怅。

杜甫已经意识到了,皇权的控制力已经减弱,在这种情况下,山高皇帝远的地方,更容易作乱。

来了,也不等于高枕可安。

但是,还有别的更平安一点的地方吗?

苟全一时算一时吧。

过了剑门就入蜀了,西南不远处是鹿头山。

这时候的成都尹是裴冕。来到此地,起码得拍拍人家的马屁。所以杜甫特意写了一首《鹿头山》,一方面夸赞它的美景,一方面夸赞裴冕治境之功:

冀公柱石姿,论道邦国活。

斯人亦何幸，公镇逾岁月。

成都尹裴冕真是朝廷柱石，蜀地有这样的官员镇守，百姓是多么幸运啊。

就这样，《发同谷县》，然后过《木皮岭》，经《白沙渡》，走《水会渡》，登《飞仙阁》，过《五盘》，越《龙门阁》，翻《石柜阁》，走《桔柏渡》，过《剑门》，到《鹿头山》，走一路，写一路。

自鹿头山南行一百五十里，腊月末的一个傍晚，杜甫看见了一座城池：

翳翳桑榆日，照我征衣裳。
我行山川异，忽在天一方。
但逢新人民，未卜见故乡。
大江东流去，游子日月长。
曾城填华屋，季冬树木苍。
喧然名都会，吹箫间笙簧。
信美无与适，侧身望川梁。
鸟雀夜各归，中原杳茫茫。
初月出不高，众星尚争光。
自古有羁旅，我何苦哀伤。

——《成都府》

天色已晚，暮色苍苍。夕阳的光照着我长行的破烂衣裳。

一路上山川变换，一下子我就到了天的另一方。

遇见的都是新的人群，不知道什么时候才能见到故乡的人。

大江浩浩向东，游子的岁月一向漫长。

城中华屋填塞,冬天树木青苍。
都会人声喧阗,一片吹拉弹唱。
我真是适应不了这华美的生活,不由侧身远望河水山梁。
鸟雀都在夜里各自回巢,我的中原杳杳茫茫。
月儿初升,天边斜挂,繁星闪闪,与月争光。
自古以来都有天涯旅客,我又何苦如此哀伤。

从华州到洛阳也好,从洛阳到华州也罢,或者是翻山远赴秦州,又从秦州赶到同谷,写的诗里都没有这种失落的情绪。

现在又是怎么回事?

杜甫到秦州,是因为秦州有朋友可以投奔,有亲人可以依靠——虽然没靠得上,但是他心里有希望。

到同谷,也是觉得有朋友可以投奔。

但是到成都,是他第一次在没有人可以指望的情况下,做出的自主抉择。

他觉得既冒险,又失落。

——这一年是759年。

他活得最苦、最累、最痛、最无助的一年。

第八章 浣花溪边

第一节
浣花溪畔建草堂

锦江有一段河流,很短,名为浣花溪,溪水潺潺,白石历历。

传说某日一个农家女在溪畔洗衣,遇到一位过路僧人。僧人遍体生疮,脱下满是泥污的袈裟,请姑娘替他洗净。姑娘心慈,替他洗涤。谁承想水面上忽然三三两两、这里那里,生出许多莲花花苞。一霎时,花苞绽,莲花开满小溪。

这就是浣花溪的由来。

好呀,真好。

杜甫初到成都,一家人落脚的地方就是城西七里浣花溪边的草堂寺。

杜甫那首《鹿头山》没有白写,裴冕大人派人送来了米粮,邻居们也很热情,给他送来菜蔬。

杜甫的诗能够上呈裴冕,是因为他的从孙杜济——就是那个在长安时,他去蹭饭,人家敲敲打打地搞动静的杜济。杜济是裴冕的下属,颇受器重。

杜甫到成都的第二年,也就是上元元年(760)的三月,裴冕就离开了成都,李若幽继任成都尹。

杜甫在溪畔找到一块荒地。此地有一棵二百多年的柟树,枝叶繁茂。他开了荒,平了地,盖起几间茅草房子。

这就是杜甫草堂。

这里背向成都,抬眼可见西岭山巅的终年白雪。

杜甫能够盖起草堂,是因为得了亲友的帮助。
当司马的表弟王十五出城来找他,给他送钱:

……………
忧我营茅栋,携钱过野桥。
他乡唯表弟,还往莫辞遥。
　　　　——《王十五司马弟出郭相访兼遗营草堂资》

他各处搜求树苗——
请求萧实在春前把一百株桃树苗送到浣花村:

奉乞桃栽一百根,春前为送浣花村。
河阳县里虽无数,濯锦江边未满园。
　　　　——《萧八明府实处觅桃栽》

向韦续求取绵竹县的绵竹:

华轩蔼蔼他年到,绵竹亭亭出县高。
江上舍前无此物,幸分苍翠拂波涛。
　　　　——《从韦续处觅绵竹》

向何邕要蜀中特有的、三年便能成荫的桤树苗:

草堂堑西无树林,非子谁复见幽心。
饱闻桤木三年大,与致溪边十亩阴。
——《凭何十一少府邕觅桤木栽》

他又亲到徐卿处索求果木苗,什么都行,绿李也行,黄梅也行:

草堂少花今欲栽,不问绿李与黄梅。
石笋街中却归去,果园坊里为求来。
——《诣徐卿觅果栽》

他居然还跟韦班要松树苗:

落落出群非榉柳,青青不朽岂杨梅。
欲存老盖千年意,为觅霜根数寸栽。
——《凭韦少府班觅松树子》

这也就算了,他还跟人家要大邑县的瓷碗:

大邑烧瓷轻且坚,扣如哀玉锦城传。
君家白碗胜霜雪,急送茅斋也可怜。
——《又于韦处乞大邑瓷碗》

经过两三个月的经营,草堂在暮春时节落成。太好了,有家了。夏天来了,身上无事,心中无事,一切无事:

清江一曲抱村流,长夏江村事事幽。
自去自来堂上燕,相亲相近水中鸥。
老妻画纸为棋局,稚子敲针作钓钩。
但有故人供禄米,微躯此外更何求?
　　　　　　——《江村》

　　清清的江水呀,弯弯地环抱着小村流淌。长长的夏日呀,江边的村落尽显清幽。

　　堂前的燕子呀,想来就来,想去就去;水上的鸥鸟呀,亲亲热热地嬉戏。

　　我的老妻呀,正在纸上画棋盘;我的小孩呀,把针敲弯去垂钓。

　　我的亲人朋友呀,给我供给钱米;我这个渺小的凡人,还能有什么别的心思?

第二节
好雨知时节,当春乃发生

此时中原大地满目疮痍,关内饥荒人食人。杜甫所见,却是蜻蜓立在花上头,花朵开在日阳下。

放眼望去,庄稼长得正好,香气逸散:

锦里烟尘外,江村八九家。
圆荷浮小叶,细麦落轻花。
…………
　　　　——《为农》

杜甫的一颗苍老揉皱的心又渐渐地舒展开了。

他在锦江边上搭了一个小小的水亭,就是四根柱子支个盖,生活没有压力,没事在里面坐一坐,还喝点小酒,穿衣裳也不规整,潦潦草草地一披:

野日荒荒白,春流泯泯清。
渚蒲随地有,村径逐门成。
只作披衣惯,常从漉酒生。
眼前无俗物,多病也身轻。
　　　　——《漫成二首·其一》

看见的是荒田野日、岸畔蒲草、门前小径,"眼前无俗物,多病也身轻"。

下雨的时候,茅草屋顶被浸个透湿,往下淌水,让他这个北方人目瞪口呆。

江水一涨,涨到了柴门外,自家小孩没见过这么大的江水,慌来报信。他赶紧下床看,江中的沙洲不见了踪影。

一霎时,天晴水退,燕儿迎风,鸥鸟逐浪,渔人也很容易就能够掉转船头。

> 江涨柴门外,儿童报急流。
> 下床高数尺,倚杖没中洲。
> 细动迎风燕,轻摇逐浪鸥。
> 渔人萦小楫,容易拔船头。
> ——《江涨》

杜甫拿笔记录草堂的季节,也记录他的足迹。

浣花溪边有一户人家,主人叫黄四娘,她的家呀,开满了花:

> 黄四娘家花满蹊,千朵万朵压枝低。
> 留连戏蝶时时舞,自在娇莺恰恰啼。

像是说话,随口说出来就成了诗。

从黄四娘家种的花阵里穿过,走到江畔,仍旧到处是花:

江深竹静两三家，多事红花映白花。
…………
桃花一簇开无主，可爱深红爱浅红？
…………
繁枝容易纷纷落，嫩蕊商量细细开。

正是春天时节，斜风细雨。在花丛里穿行得腿酸了，坐在水边小亭看看鱼游燕飞：

细雨鱼儿出，微风燕子斜。
城中十万户，此地两三家。

他真爱他的浣花草堂。

杜甫在浣花草堂写的诗好，才气大，笔力壮，能把美景搬上纸。

他在洛阳道的"三吏""三别"写得好，那是国家的难、百姓的灾，他拿着一支笔口述实录。

——这才是"国家不幸诗家幸，赋到沧桑句便工"的真意思。

国家不幸，你眼前所见尽灾祸，怎么写，都是沧桑。

美景如烟，笼着人，所见即是所得；沧桑是血，流进身体，完全变了一个人。

所以杜甫可以眼里见美景，手下写美景，但他没办法再逆生长成那个裘马清狂的小公子了。

第三节
花径不曾缘客扫

秋天了,杜甫就赶着耕牛种菜去了。下过一阵山雨,田地都是湿的,好耕好翻。也不知道从哪儿飞来两只白鹤,落在沙渚上,趁着暮色啄泥里的芹叶。雄鹤的左翅耷拉着,受伤了,流着血。

杜甫拄着拐杖,低头看它们,替它们觉得酸辛。

那样的年月,还有那么软的心肠。

杜甫抬头看见云聚如山,一霎时心头惆怅,他又想老家了,也想亲朋:

…………
渐惜容颜老,无由弟妹来。
兵戈与人事,回首一悲哀。
——《遣愁》

他自己的日子好了,就又开始想他的国家,想他的王师:

…………
王师未报收东郡,城阙秋生画角哀。
——《野老》

当年蜀汉在成都建都,成都西北有诸葛庙,人称武侯祠或武侯庙。杜甫去膜拜他的偶像:

> 丞相祠堂何处寻?锦官城外柏森森。
> 映阶碧草自春色,隔叶黄鹂空好音。
> 三顾频烦天下计,两朝开济老臣心。
> 出师未捷身先死,长使英雄泪满襟。
> ——《蜀相》

此诗一出,便为绝唱。

有时候,草堂也会来客人,杜甫很开心:

> 舍南舍北皆春水,但见群鸥日日来。
> 花径不曾缘客扫,蓬门今始为君开。
> 盘飧市远无兼味,樽酒家贫只旧醅。
> 肯与邻翁相对饮,隔篱呼取尽余杯。
> ——《客至》

杜甫的北邻是一个退职的县令,喜欢喝酒,也能作诗——唐朝的读书人都拿写诗当正经事,他常常踏着蓬蒿拜访杜甫;南邻是朱山人,也和杜甫一起喝过酒。有一个卖文为生的人,叫斛斯融,他们也曾小聚。还有乡村野老送他樱桃。

寒食江村路，风花高下飞。
汀烟轻冉冉，竹日静晖晖。
田父要皆去，邻家闹不违。
地偏相识尽，鸡犬亦忘归。
　　　　——《寒食》

就算邀他做客的是老农民，又怎样？赴的不是高大上的宴席，又怎样？

但是，在那些士族大家眼里，杜甫犯了忌讳，所以在《旧唐书》里得了个"与田夫野老相狎荡，无拘检"的评语。

杜甫也不是没有更为"高雅"一些的交际，比如和一个叫韦偃的京兆人。他是有名的画家，擅画鞍马，千姿百态。杜甫本就爱马爱鹰，早在长安时他们就已结识，如今听说他也寓居成都，便去拜访。

过了几天，韦偃前来回访且告别，他要走了，去别处，并且当场在草堂厅内的东墙上画了两匹马。杜甫很开心：

韦侯别我有所适，知我怜君画无敌。
戏拈秃笔扫骅骝，欻见麒麟出东壁。
一匹龁草一匹嘶，坐看千里当霜蹄。
时危安得真致此？与人同生亦同死。
　　　　——《题壁上韦偃画马歌》

马画在了墙上，拿不下来，杜甫特地准备绢帛，请韦偃画了一幅双松图：

韦侯韦侯数相见，我有一匹好东绢，重之不减锦绣段。

已令拂拭光凌乱,请公放笔为直干。

风起于毫末之间,而动色于满堂之下。松树树皮开裂,蒙着苔藓,枝干如铁,交错渐高。松根下倚一胡僧,偏袒着右肩,赤露着双脚,身前有松子掉落:

两株惨裂苔藓皮,屈铁交错回高枝。
白摧朽骨龙虎死,黑入太阴雷雨垂。
松根胡僧憩寂寞,庞眉皓首无住著。
偏袒右肩露双脚,叶里松子僧前落。

杜甫骨子里就是一个文人。

杜甫入蜀的这一年,老朋友高适也自长安入蜀出任彭州刺史;上元元年(760),又改任蜀州刺史。

深秋时节,杜甫到蜀州拜访高适,二人一起在高适的辖地漫游,去了新津、青城等地。

他们是他乡遇故知,别后更相思。

第四节
安得广厦千万间

上元二年（761），狂风大作，把那棵有两百多年历史的柟树刮倒了，这可把老杜心疼坏了：

> 沧波老树性所爱，浦上童童一青盖。
> 野客频留惧雪霜，行人不过听竽籁。
> 虎倒龙颠委榛棘，泪痕血点垂胸臆。
> 我有新诗何处吟，草堂自此无颜色。
> ——《柟树为风雨所拔叹》

这个时候，杜甫的日子又开始难过起来。
靠人接济的生活，怎么能够长久？

> 万里桥西一草堂，百花潭水即沧浪。
> 风含翠篠娟娟净，雨裛红蕖冉冉香。
> 厚禄故人书断绝，恒饥稚子色凄凉。
> 欲填沟壑唯疏放，自笑狂夫老更狂。
> ——《狂夫》

"厚禄故人书断绝",想想看,完全可以理解。

故人的钱也是好不容易挣来的,挣来了也不只是故人一个人花。

靠山山倒,靠人人跑。一个人也就罢了,他是一大家子哪。

所以,杜甫家又断炊了。怎么办呢?

很多人经历了诸多的不平和不幸后,心肠就变得铁硬了;而杜甫的一颗心却是更红了。

> 八月秋高风怒号,卷我屋上三重茅。
> 茅飞渡江洒江郊,高者挂罥长林梢,下者飘转沉塘坳。
> 南村群童欺我老无力,忍能对面为盗贼。
> 公然抱茅入竹去,唇焦口燥呼不得,归来倚杖自叹息。
> 俄顷风定云墨色,秋天漠漠向昏黑。
> 布衾多年冷似铁,娇儿恶卧踏里裂。
> 床头屋漏无干处,雨脚如麻未断绝。
> 自经丧乱少睡眠,长夜沾湿何由彻。
> 安得广厦千万间,大庇天下寒士俱欢颜,风雨不动安如山。
> 呜呼!何时眼前突兀见此屋,吾庐独破受冻死亦足。
> ——《茅屋为秋风所破歌》

他说,怎么才能有一千一万间的房子啊,让天底下的寒士都住进来,风雨大作也安稳如山,绽放欢快笑容。

唉!如果能"咻"地一下出现这样的房屋,即便我的茅草房被吹破,我被冻死了,我也心甘情愿。

——杜甫是在拿自己献祭,来求广厦千万间。

杜甫把自己劈成了两半。一半忧生,一半伤世。

唐肃宗要吃橘,须百姓上贡。可是,"此物岁不稔,玉食失光辉。寇盗尚凭陵,当君减膳时",杜甫希望皇帝能够减少百姓的供奉,橘子没有丰收,百姓的日子很难。

蜀地多棕榈树,高高大大的。战时军用物资缺乏,棕皮都被官家割剥殆尽。百姓比被剥皮的棕榈树更难:

嗟尔江汉人,生成复何有。
有同枯棕木,使我沉叹久。
死者即已休,生者何自守。

生而为人,既无力又卑微。杜甫努力替许多张不开嘴的人发声,声音仍旧不被听见。

第五节
入梓州

上元二年(761)三月,史思明的儿子史朝义与其部将合谋把史思明给杀了。史朝义即皇帝位,改元显圣,并派人去范阳杀掉了他的弟弟史朝清和他的母亲。

这种乱杀乱砍的戾气,撩拨得蜀地也不安宁。

四月,梓州刺史段子璋赶走绵州的东川节度使李奂,自称梁王,改元黄龙,以绵州为黄龙府。

五月,成都尹崔光远率西川牙将花敬定攻克绵州,斩杀段子璋。

花敬定觉得自己杀段子璋有功,就在东川任意抢掠,甚至纵容兵士斩断妇女手腕,只为夺取她们腕上的金银镯钏。

肃宗遣监军官使到蜀中,要崔光远治花敬定的罪。崔光远也管不了他,"天子怒光远不能戢军,乃罢之"。崔光远悲愤忧郁成疾,于十月离世。

十二月,严武被任命为成都尹,兼剑南两川节度使。严武还没到成都的时候,则由高适代理。

高适到草堂来找杜甫,还有一个姓王的人,三个人作诗玩儿。杜甫惭愧,没有好的下酒菜,结果也不分题了,也不拈韵了,直接都用一个"寒"字来比试:

卧病荒郊远,通行小径难。

故人能领客,携酒重相看。
自愧无鲑菜,空烦卸马鞍。
移樽劝山简,头白恐风寒。

——《王竟携酒,高亦同过,共用寒字》

高适比杜甫还大八岁,两个老朋友,都老了。

上元三年(762)春,严武到成都,接任了成都尹。

杜甫任左拾遗时,岑参是右补阙,王维是太子中允,严武是个三十出头的小老弟,任京兆少尹兼御史中丞。这几个人关系好,经常在一块儿玩。

如今严武也经常带酒到浣花草堂来找杜甫。

因为是长官,所以带着小队人马出行:

元戎小队出郊坰,问柳寻花到野亭。

杜甫的左邻右舍一看:嚯,大官!

杜甫也会跑到严武的官署参加宴会,看看人家的画,谈论谈论西蜀的形势,给老朋友提提合理的建议。成都苦旱,所以他建议严武重视粮食生产,还建议他亲自提审囚犯,该处死的处死,不该死的都放出来,这样怨气消了,雨就来了。

杜甫还特地写了一篇文章——《说旱》,献给严武,意思就是上面的意思,建议严武清理前任狱案。又建议减少蜀地百姓的捐税,因为他们连饭都吃不饱了,面有菜色。又提出,凡在东西两川服役的兵丁,其家属的赋税也要减免一些,最好派官吏慰问老人们的疾苦。

严武采纳了杜甫的一部分建议,把一些当兵时间长的男子放了回去,让他们种地。

> 步屧随春风,村村自花柳。
> 田翁逼社日,邀我尝春酒。
> 酒酣夸新尹,畜眼未见有。
> 回头指大男,渠是弓弩手。
> 名在飞骑籍,长番岁时久。
> 前日放营农,辛苦救衰朽。
> …………
> ——《遭田父泥饮美严中丞》

我踏着春风去郊外散步,处处鲜花嫩柳。田翁说春社马上就要到了,邀我去品尝春酒。

喝醉了就夸赞新上任的成都府尹,说这样的好官从未见有。回头指着自己的大儿子,说他原来是个弓箭手。

名字登在飞骑兵的军籍上,时日长久。前日他被放回家务农了,救了辛苦劳作的老朽。

就在这一年,玄宗死了。

张皇后紧急联系越王李系,要杀李辅国。谁料消息走漏,李辅国带兵冲进肃宗寝宫,在肃宗面前把张皇后和越王李系全部杀掉。肃宗惊吓过度,死在了床上。

太子李豫登基,即唐代宗,改元宝应。

七月，代宗召严武入朝。

杜甫的心情很复杂。老朋友前程远大，应喜；老朋友走后，自己就失了依靠，则忧。

严武从绵阳东起程，杜甫送他到了绵州。

在绵州，听说胡羌又来边境抢粮了。

> 大麦干枯小麦黄，妇女行泣夫走藏。
> 东至集壁西梁洋，问谁腰镰胡与羌。
> 岂无蜀兵三千人？部领辛苦江山长。
> 安得如鸟有羽翅，托身白云还故乡。
> ——《大麦行》

集壁梁洋，分指唐时的四个州：集，今四川南江县；壁，今四川通江县；梁，今陕西褒城镇；洋，今陕西西洋县。

初夏，大麦、小麦都熟了，可是，农人还来不及体会丰收的喜悦，胡人就来抢麦抢粮了。妇女沿路哭泣，丈夫到处躲藏。

士兵呢？原来蜀兵只有三千，这么长的战线，怎么守得住？

杜甫也处在胡人抢粮的地带，他想起自己的故乡洛阳，如果能乘着白云飞回去就好了，起码那里没有人抢粮，用不着担惊害怕。

杜甫又把严武送出绵州三十里，最后二人在绵州城外的奉济驿依依惜别。

杜甫想的是，老朋友历经三朝，此去必定享十分尊荣；至于自己，则是"江村独归处，寂寞养残生"。

现实却是，他想回都回不去了。

路断了。

严武前脚刚走,成都少尹兼御史徐知道就把严武所有的官衔都加到了自己头上,乘虚造反。

他派兵往北,断绝剑阁的道路,阻住援军;又往西攻取邛州,联络西南的少数民族。

浣花草堂里的妻儿不知生死,往日的噩梦再次轮回。

汉中王李瑀在梓州,就去梓州吧。

——李瑀是汝阳王李琎的弟弟,当年在长安时,杜甫和他们两兄弟都有些交情。

孤身一人,骑着马,在东川的山里跋涉,磕磕绊绊,荒凉无边无际:

山行落日下绝壁,西望千山万山赤。
树枝有鸟乱鸣时,暝色无人独归客。
马惊不忧深谷坠,草动只怕长弓射。
安得更似开元中,道路即今多拥隔。

——《光禄坂行》

夜宿空亭,四面漏风,盼天明却总也不明。一弯残月挂着,远远传来江声。惭愧自己没谋衣食的本事,只能仗着朋友接济生存。给妻子写了几封书信,告诉她没能及时回去的情形。

秋,杜甫入了梓州。川北重镇,城郭雄伟,涪江上船只川流不息。

秋末,他又回了成都,把老婆孩子也接了过来。又有一说,是他让弟弟杜占回了成都,接来了他的家属。

总之,杜甫觉得这地方不赖。

第六节
杜甫疯了

徐知道七月起兵,八月二十三日就被高适打散了,随即被部下李忠厚杀掉。

然后,李忠厚也开始杀人。

蜀中打来打去,杀来杀去,蜀外也战火连天。

十月,代宗的长子李适为兵马大元帅,仰仗回纥的兵力,收复了洛阳。二十万人厮杀,血流漂杵。

广德元年(763)正月,史思明的儿子史朝义吊死在河北滦县的树林中,他手下的将领田承嗣、李怀仙等纷纷投降。

历时数年,动摇国本,使唐朝从此一蹶不振的安史之乱,勉勉强强,算是结束了。

听到洛阳光复的消息时,杜甫远在梓州。

一时之间,竟然不敢相信。

他的手颤颤抖抖,手里的书也随随便便地一卷一放,不管了,我要喝酒!我要唱歌!我要回家!

陆路太慢,走水路!

从巴峡穿过巫峡,从襄阳走向洛阳!

有一本书里,是这样评价杜甫的:

如果把唐诗比作一支交响乐队,那些充满才华的诗人们每个人都奏出了属于自己的乐章,陈子昂的悲慨,王昌龄的雄浑,刘禹锡的清俊,王维的秀丽,杜甫的沉郁,柳宗元的简淡,韩愈的险怪,李白的飘逸,李贺的冷艳,白居易的轻俗,李商隐的雅艳……而无疑,李白是这场交响乐演奏中飘扬最远、飞扬最高的一支。杜甫呢?所幸有了杜甫,他为这支队伍压住了阵脚。

如今,杜甫疯了,阵脚乱了:

> 剑外忽传收蓟北,初闻涕泪满衣裳。
> 却看妻子愁何在,漫卷诗书喜欲狂。
> 白日放歌须纵酒,青春作伴好还乡。
> 即从巴峡穿巫峡,便下襄阳向洛阳。
> ——《闻官军收河南河北》

最初的狂喜过后,才发觉现状恼人——没钱。
转眼之间,又滞留到了重阳节:

> 去年登高郪县北,今日重在涪江滨。
> 苦遭白发不相放,羞见黄花无数新。
> 世乱郁郁久为客,路难悠悠常傍人。
> 酒阑却忆十年事,肠断骊山清路尘。
> ——《九日》

想当初,杜甫自京赴奉先探亲,途经骊山,作《咏怀五百字》。如今九年过去了,四舍五入,就是十年。

他总想着离开蜀地,打开一个新局面。他在春天登上梓州的高楼,脑子里也盘旋着这个问题:

  行路难如此,登楼望欲迷。
  身无却少壮,迹有但羁栖。
  …………
  厌蜀交游冷,思吴胜事繁。
  应须理舟楫,长啸下荆门。
      ——《春日梓州登楼》

第七节
昔如纵壑鱼，今如丧家狗

八月的时候，房琯走到阆州，病死在僧舍，于是杜甫从梓州赶到阆州。临行之际，适逢大雨：

> 莽莽天涯雨，江边独立时。
> 不愁巴道路，恐湿汉旌旗。
> 雪岭防秋急，绳桥战胜迟。
> 西戎甥舅礼，未敢背恩私。
> ——《对雨》

他说，正要起程的时候，大雨哗哗地下起来。巴山道路肯定难走，可是他不愁这个，他只愁官军的旌旗会被打湿。

早在七月，吐蕃已进入大震关，尽取河西、陇右之地。西川节度使高适奉命设防，军情正急。他希望吐蕃念及自己与唐朝的甥舅关系，不要忘恩负义。

来到阆州，杜甫吊唁了这位同乡知己，写了一篇长长的《祭故相国清河房公文》。在祭文里，他说：

> 伏奏无成，终身愧耻！

他不后悔当年拼老命救房琯,导致自己受牵连,他只惭愧拼了老命也没有救了房琯。

巴蜀乱起来的同时,江淮也乱着。

杜甫在成都的时候,上元元年(760)十一月,宋州刺史刘展叛变,挥师南下,攻陷了江淮的许多城市。朝廷派平卢兵马使田神功平叛,结果田神功打下一个城市,就抢掠一个城市,堪比盗贼。

扬州富庶,却因此倒了大霉,仅经商的胡人就死了数千。

到杜甫流亡梓州的时候,上元三年(762)八月,他的好友郑虔所在的台州发生了袁晁起义,原因是百姓实在受不了沉重的赋税,干脆举起义旗,攻陷了浙东州郡,直到第二年的四月,才被李光弼镇压下去。

杜甫一方面反复建议官府不要给百姓施加过于沉重的负担,另一方面,又不赞成百姓奋起反抗:

安得鞭雷公,滂沱洗吴越。

两边不讨好。

百姓吃不上饭,公卿吃得上。农夫心内如汤煮,挡不住公子王孙把扇摇:

天下甲马未尽销,岂免沟壑常漂漂。
剑南岁月不可度,边头公卿仍独骄。

绵州的刺史杜济以打鱼为乐,梓州的刺史章彝则率领猛士三千校场纵猎。

至于杜甫,则是"东游西还力实倦,从此将身更何许",东游西荡,累得够呛。不知道怎么办,不依附于人可还行?

梓州是东川节度使的治所,成都事变后,无论是进京,还是入蜀,都要经过此地。地方官常常设宴迎送,杜甫也忝陪末座,写写陪宴和送别的诗。

这样的诗,没什么意思,他写着也没意思。

在长安时,杜甫曾因这种情形而自称"贱子",如今,他再次自称"贱子"。

此时,有一个最大的金主需要杜甫小心侍奉着,此人就是章彝。严武本来是两川节度使,被召还朝,高适代了西川节度使,东川节度使一直虚悬到广德元年(763)夏。此后,判官章彝来梓州任刺史兼东川留后。

章彝还是很照顾杜甫的,经常要他作陪,宴会也好,迎送客人也好,或者是游览、打猎。

九月,杜甫在阆州祭奠房琯,收到家信,他的女儿病了,于是回了梓州。

十一月的时候,杜甫打算下江南,筹到了一点旅费——大约是章彝替他筹得的;而且他走的时候,章彝还给他饯行,送了他两把桃竹杖,是此地的特产。

  江心蟠石生桃竹,苍波喷浸尺度足。
  斩根削皮如紫玉,江妃水仙惜不得。
  梓潼使君开一束,满堂宾客皆叹息。
  怜我老病赠两茎,出入爪甲铿有声。
  老夫复欲东南征,乘涛鼓枻白帝城。
  路幽必为鬼神夺,拔剑或与蛟龙争。
  重为告曰:杖兮杖兮,尔之生也甚正直,慎勿见水踊跃学变化为龙。

使我不得尔之扶持,灭迹于君山湖上之青峰。

噫,风尘澒洞兮豺虎咬人,忽失双杖兮吾将曷从?

——《桃竹杖引赠章留后》

广德二年(764)三月,杜甫带着妻儿到了阆州,打算从阆水入西汉水,也就是嘉陵江,至渝州东下,做吴楚之游。

此时,朝廷已经召他为京兆功曹——也许是严武推荐的,但是他回绝了。行程都定了,不改了。

他还特地写了一首留别诗:

我来入蜀门,岁月亦已久。
岂唯长儿童,自觉成老丑。
常恐性坦率,失身为杯酒。
近辞痛饮徒,折节万夫后。
昔如纵壑鱼,今如丧家狗。
…………

——《将适吴楚,留别章使君留后,兼幕府诸公,得柳字》

不过杜甫的江南行并没有成行。

第九章 飘飘何所似

第一节
焚烧何太频

大唐弱了。

回纥如虎,吐蕃似狼。

到广德元年(763)七月,吐蕃已经占了鄯、洮、岷、秦、成、渭等州,河西、陇右全部沦陷。

边疆告急,宦官程元振把持政权,不让代宗知道。

杂居陇右的吐谷浑、党项羌也受吐蕃煽动,越过陇山,九月陷泾州,十月陷邠州,长安没兵没将,代宗仓皇逃跑,到陕州避难。吐蕃血不染刃,占了长安。

小道消息满天飞,得不到真相,只知道西京那边乱,非常乱。

杜甫的心里也非常乱:

> 乱离知又甚,消息苦难真。
> 受谏无今日,临危忆古人。
> 纷纷乘白马,攘攘著黄巾。
> 隋氏留宫室,焚烧何太频。
>   ——《遣忧》

广德二年(764)春,杜甫在阆中听说了长安被收复的消息,他已经没有那种疯狂的喜悦：

> 天下兵虽满，春光日自浓。
> 西京疲百战，北阙任群凶。

这种情况很不妙，朝廷中少有能征善战的大将，贤者多隐于市间杀猪钓鱼，杜甫希望皇帝能够像前朝贤王那样，把这些贤人召回去：

> 行在诸军阙，来朝大将稀。
> 贤多隐屠钓，王肯载同归。

杜甫始终没有在诗里骂过君王。对他来说，君王怎么做都是对的。

高适这个西川节度使当得捉襟见肘。
吐蕃攻陷陇右、逼近长安的时候，高适曾经率兵攻吐蕃南境，想的是牵制吐蕃，没想到松州（四川松潘）被围。
杜甫当时在阆州，一听消息，心急如焚：

> 汉北豺狼满，巴西道路难。
> 血埋诸将甲，骨断使臣鞍。

松州陷落，成都震动，他不知道该怎么办了。如果官军还不打通道路前来救援，巴蜀之地就将陷入十分危险的境地：

官军未通蜀,吾道竟如何?

只能走一步看一步了。

杜甫在阆州,还代阆州王刺史向代宗进献了关于巴蜀安危的建议,希望减省军用和各项杂赋的名目,"省之又省"。因为巴蜀百姓既要服各项劳役,又要提供各项需索,已经力不能逮:

十室几人在?千山空自多。
路衢唯见哭,城市不闻歌。

又讲巴蜀的重要性,其深受吐蕃威胁,希望朝廷马上选派贤明的亲王前来坐镇,或派德高望重、经验丰富的大臣前来扭转战局。

——杜甫无意识地打了西川节度使高适的脸。

反正这一阵子,杜甫就在梓州住住,在阆州住住。陈贻焮先生在他的《杜甫评传》里推测,"一个地方住久了易惹主人生厌,经常换换地方,多少会显得新鲜些"。

又合情理,又心酸。

第二节
重回草堂

严武回京后,监修二帝陵墓,立下功劳。

高适继任成都尹一职后,治蜀力不能支,人们讽刺高适,说他内战内行,因为他击败了永王李璘;外战外行,因为他不能御外侮。朝廷便再命严武为成都尹、剑南节度使,于广德二年(764)初第三次入蜀。

严武邀请杜甫去成都。

杜甫当然高兴了:

殊方又喜故人来,重镇还须济世才。
常怪偏裨终日待,不知旌节隔年回。
欲辞巴徼啼莺合,远下荆门去鹢催。
身老时危思会面,一生襟抱向谁开。
——《奉待严大夫》

临行前,杜甫到房琯的坟前,和老友告别:

他乡复行役,驻马别孤坟。
近泪无干土,低空有断云。
对棋陪谢傅,把剑觅徐君。

唯见林花落，莺啼送客闻。
　　　　　　　　——《别房太尉墓》

回到成都，杜甫听说了人们被乱兵杀戮的惨状，气得够呛：

　　…………
　　一国实三公，万人欲为鱼。
　　唱和作威福，孰肯辨无辜。
　　眼前列杻械，背后吹笙竽。
　　谈笑行杀戮，溅血满长衢。
　　…………
　　　　　　　　——《草堂》

草堂一片狼藉，老鼠乱爬，药圃里长满野草。
杜甫在棕下凿井，竹旁开渠，既然回来了，就要好好经营。
杜甫又去了武侯祠，之后登楼远眺作诗：

　　花近高楼伤客心，万方多难此登临。
　　锦江春色来天地，玉垒浮云变古今。
　　北极朝廷终不改，西山寇盗莫相侵！
　　可怜后主还祠庙，日暮聊为《梁甫吟》。
　　　　　　　　——《登楼》

吃着糙米饭，操着吃肉的人操的心。

可是回来后,心情到底松快了些,也愿意写一点清丽的小诗玩儿:

两个黄鹂鸣翠柳,一行白鹭上青天。
窗含西岭千秋雪,门泊东吴万里船。
——《绝句》

这是什么样的神仙之笔!

因为和大官严武的交往,杜甫的社会地位有了提高,应酬也多了起来,比如可以旁观曹霸将军画马,比如太子张舍人送他了褥面。可是杜甫总觉得,他不配用这么好的东西,甚至左思右想,由这一截褥面,上升到了骄奢淫逸的高度,上升到了祸国殃民的程度:

…………
煌煌珠宫物,寝处祸所婴。
叹息当路子,干戈尚纵横。
掌握有权柄,衣马自肥轻。
李鼎死岐阳,实以骄贵盈。
来瑱赐自尽,气豪直阻兵。
皆闻黄金多,坐见悔吝生。
奈何田舍翁,受此厚贶情。
锦鲸卷还客,始觉心和平。
振我粗席尘,愧客茹藜羹。
——《太子张舍人遗织成褥段》

第三节
天地一沙鸥

杜甫给严武做起了幕僚。

严武第一次当成都尹时,就写诗劝杜甫别玩清高;这次,他再来成都,干脆把杜甫召入自己府中,荐杜甫为节度使署中的参谋、检校工部员外郎,赐绯鱼袋。杜甫后来被人称为"杜工部",就是因为这个缘故。

严武在成都搞得风生水起,整顿军容、制作新旗帜、练兵练武,想要收复被吐蕃抢走的松、维、保三州。

在早秋七月的时候,严武就率兵西征了;九月时,打败吐蕃,克当狗城(四川理县东南),收盐川城(甘肃漳县西北),又命汉州刺史崔旰在西山追击吐蕃,扩地数百里。

杜甫后来写过《八哀诗》,哀悼王思礼、李光弼、严武、汝阳王李琎、李邕、苏源明、郑虔、张九龄等八人,在悼严武的诗里有这样一句:

公来雪山重,公去雪山轻。

写得极好。

严武给了杜甫一个职位,一份薪水,让他觉得踏实。

踏实下来了,杜甫又开始回忆往昔:

忆昔开元全盛日,小邑犹藏万家室。
稻米流脂粟米白,公私仓廪俱丰实。
九州道路无豺虎,远行不劳吉日出。
齐纨鲁缟车班班,男耕女桑不相失。
宫中圣人奏云门,天下朋友皆胶漆。
百余年间未灾变,叔孙礼乐萧何律。
岂闻一绢值万钱,有田种谷今流血。
洛阳宫殿烧焚尽,宗庙新除狐兔穴。
伤心不忍问耆旧,复恐初从乱离说。
小臣鲁钝无所能,朝廷记识蒙禄秩。
周宣中兴望我皇,洒泪江汉身衰疾。

——《忆昔·其二》

想当初开元盛世时,小城市都有万家人口。
稻米流脂,粟米洁白,公仓私廪都十分充实。
九州的道路上没有拦路的盗贼,远行不需要挑吉日。
装着齐纨鲁缟的车络绎不绝,男耕女织,各司其职。
圣人奏响祭祀天神的乐曲,天下人皆如朋友般和睦友善。
一百多年未曾有过灾难异变,礼乐清响,律令清明。
谁知如今一匹绢布值一万钱,田地都染了鲜血。
洛阳的宫殿都烧完了,宗庙成了狐兔的巢穴。
不忍心问那些伤心的老人,怕他们从战乱初起时回忆。
我这个小臣笨笨的,干啥都不成,朝廷还授我检校工部员外郎的官职。
若皇上能像周宣王中兴周室那样复兴大唐,那么即便我又老又病,也会激动地泪洒江汉。

杜甫既为幕僚,就要到官衙办公,就得遵守各项规章制度。

而且,身在职场,和同僚的关系就有好有坏。好不容易有了饭碗,一定要捧得牢牢的。

怎么捧得牢牢的?把别人踩下去,自己的饭碗就牢了!

于是为了手里这碗饭,大家要互踩互黑。

杜甫不争,但是别人会和他争。他不斗,别人也会和他斗。他不猜疑别人,不代表别人不猜疑他。

男儿生无所成头皓白,牙齿欲落真可惜。
忆献三赋蓬莱宫,自怪一日声烜赫。
集贤学士如堵墙,观我落笔中书堂。
往时文采动人主,此日饥寒趋路旁。
晚将末契托年少,当面输心背面笑。
寄谢悠悠世上儿,不争好恶莫相疑。

——《莫相疑行》

很难在杜甫的诗里看见这样人事相争的桥段。

职场生活让他体力不逮,心力也不逮。

夜宿府中,清秋井梧寒,江城蜡炬残,角声悲自语,月色那么好,谁又顾得上看?

杜甫不适合生活在严谨和暗箱操作多多、波涛暗涌的人群里,他感觉到了所想和所得之间产生矛盾后撕裂般的痛苦。

> 幕府秋风日夜清,澹云疏雨过高城。
> 叶心朱实看时落,阶面青苔先自生。
> 复有楼台衔暮景,不劳钟鼓报新晴。
> 浣花溪里花饶笑,肯信吾兼吏隐名。
> ——《院中晚晴怀西郭茅舍》

写这首诗的时候,杜甫已经清楚自己的心意了。他觉得,在浣花溪里看花也比当这个官好。

不过,真的甩袖子一走了之也是不行的,没法和严武交代。所以,杜甫请了一个探亲假,回草堂去了。

舒了口气后再回到城里去;喘不过来气了,就再请假。如此来来回回地熬。

王维死了,李白死了,房琯死了。

永泰元年(765)正月,高适也在长安死去了。

他们都是杜甫的患难之交。

杜甫太想家了,他的骨肉至亲总也没有消息:

> 天边老人归未得,日暮东临大江哭。
> 陇右河源不种田,胡骑羌兵入巴蜀。
> 洪涛滔天风拔木,前飞秃鹙后鸿鹄。
> 九度附书向洛阳,十年骨肉无消息。
> ——《天边行》

在种种因素的共同作用下,杜甫数次写诗请辞。永泰元年(765)暮春,一说是正月初三,严武应了,杜甫重回草堂。

杜甫前脚回了草堂,严武后脚就死了,这下子,靠山又没了。

本来就想着买舟东下的,如今,还是按照原来的计划走吧。

五月,杜甫在草堂附近的万里桥上船,沿岷江南下,一路向东,经过了嘉州——当时的嘉州刺史是岑参,不过杜甫不知道,行色匆匆的,连船都没下。

然后是戎州、渝州、忠州。杜甫在忠州江边的龙兴寺住了俩月,因为衣食无着,继续沿江东行,九月到了夔州以西的云安县。

大约是旅程匆忙,或者是身体不舒服,反正诗写得不多,偶尔写一首,是真的好:

> 细草微风岸,危樯独夜舟。
> 星垂平野阔,月涌大江流。
> 名岂文章著,官应老病休。
> 飘飘何所似?天地一沙鸥。
> ——《旅夜书怀》

微风吹拂着岸上的细草,星光垂落,映照得原野宽阔。

他不是没有名心利念,只是名气这东西,不是靠文章就能发扬光大;而做官这个事业,老了、病了,就当及时罢休。

杜甫一生飘零,就像眼前飞过的无主沙鸥。

他走不动了,湿气逼得他的肺病和风痹一起发作,需要休养。

杜甫住在云安县令严氏的水阁里,水阁临江负山,风景不错。

养病期间,他才知道岑参出任嘉州刺史,于是给他写了一首诗寄去,前两句是:

不见故人十年余,不道故人无素书。

第四节
从云安到夔州

严武死后,郭英乂继任西川节度使兼成都尹。

郭英乂暴戾骄奢,严武旧部汉州刺史崔旰率兵攻打他。他逃亡简州,被普州刺史韩澄杀死。

邛州牙将柏茂琳、泸州牙将杨子琳、剑州牙将李昌巙又联合起来讨伐崔旰。

蜀中一时乱如麻,吴盐运不进来,蜀麻运不出去。

陇右和关内,也如遭了狼。党项羌、吐谷浑、吐蕃、回纥一拥而上,不停撕咬,百姓一批又一批地入蜀避难——他们不知道,蜀地也乱着。

杜甫听到这些消息时,正在和一个叫郑十八的人喝酒,又把他急坏了:

　　万国皆戎马,酣歌泪欲垂。

差不多半年后,代宗大历元年(766)晚春时节,杜甫的病好了一些,他再次起程。

身子轻快了些,心情也跟着轻快了,也有心情看看月亮、吹吹风了:

　　江月去人只数尺,风灯照夜欲三更。
　　沙头宿鹭联拳静,船尾跳鱼拨剌鸣。

　　　　——《漫成一首》

明人浦起龙读此诗:"夜泊之景,画不能到。"

杜甫的目的地是潇湘,却停在了夔州,也就是四川奉节。有人说他是"爱其山川不忍去",也有人说他是囊中羞涩,不得不停下来。

此地有武侯庙,他又去了。

他对诸葛亮情有独钟,为他写了好几首诗。

两个人的气质差不多,都是心正,心累,活得不痛快。

诸葛亮好歹还有挥斥方遒的时候,杜甫基本上没有。

这一年,杜甫又作了一首《八阵图》,还是颂赞诸葛亮:

功盖三分国,名成八阵图。

江流石不转,遗恨失吞吴。

杜甫在夔州住过好几个地方。

比如说客堂、东屯、西阁、赤甲山、瀼西……

有人考证说,客堂在山腰,是用木头横七竖八地架起的屋子。

西阁在城内。

至于东屯——夔州东的东瀼溪两岸有公田百顷,据说公孙述曾在这里屯田,所以叫东屯。

赤甲山在夔州城东,与东屯相邻。

瀼西是奉节县城的所在地。

秋末冬初,柏茂琳任夔州都督,他曾将自己的月俸给杜甫。

杜甫一度住在赤甲,不久后,柏茂琳在瀼西给杜甫选了一块地方,杜甫在那里租了一间房子,即"瀼西草堂"。

柏茂琳还委托他经营东屯的一百顷公田。此外,杜甫还在瀼西对岸买了四十亩果园,种果、种花、种药。

他很开心,这下不用为口粮问题发愁了,累点算什么?把自己的粮仓装到够吃,又将多余的粮食分给周围的贫民:

遗穗及众多,我仓戒滋蔓。

他把粮食分给邻里,不是为了让人夸,只是觉得身处乱世,大家都为求生奔忙,自己能帮一点为什么不帮一点呢?

西成聚必散,不独陵我仓。
岂要仁里誉,感此乱世忙。

在夔州的两年,虽然全家都要下地,但是自给自足的生活令人着迷。

杜甫有阿段、信行、伯夷、辛秀等仆人,还有一个女仆阿稽。这些人多是本地的彝族人。

杜甫带着他们伐木,采卷耳——虽然是不好吃的野菜,但是挨饿的时候能救命,贵比黄金:

登床半生熟,下箸还小益。
加点瓜薤间,依稀橘奴迹。
乱世诛求急,黎民糠籺窄。

饱食复何心,荒哉膏粱客。
富家厨肉臭,战地骸骨白。
寄语恶少年,黄金且休掷。

杜甫有时候会让仆人到东屯去,看看稻田种得怎么样——当时东屯的公田由行官张望管理,瀼西的柑林,由杜甫自己管理。

本地人是不敢种蜜柑的,挺好的果子,但是种得好了,就会被豪吏强占,穷苦百姓怕自己劳作半天成一场空。

邻里有一个老人便诉苦说公家的追索永远没有完结,旧米也好,新豆也罢,都要入官。

白帝城中云出门,白帝城下雨翻盆。
高江急峡雷霆斗,古木苍藤日月昏。
戎马不如归马逸,千家今有百家存。
哀哀寡妇诛求尽,恸哭秋原何处村?
——《白帝》

只要笔下写的是百姓,这日子就没有好过的。

杜甫在瀼西草堂住的时候,草堂前有几棵枣树,秋天枣熟,西邻一个穷苦寡妇常来打枣。

杜甫没拦她,又怕吓着她,语调很和缓。

后来,杜甫搬到东屯住,瀼西草堂就借给了一个姓吴的亲戚吴南卿,他来自忠州,是一位司法,也就是军事参谋。

吴南卿搬来后,扎起了篱笆墙,杜甫特地给他写了一首诗:

> 堂前扑枣任西邻,无食无儿一妇人。
> 不为困穷宁有此?只缘恐惧转须亲。
> 即防远客虽多事,便插疏篱却甚真。
> 已诉征求贫到骨,正思戎马泪盈巾。
> ——《又呈吴郎》

这是居庙堂之高的人看不到的世界,他们闭上眼睛,假装世界上不存在衣食无着、漂泊无依、被诛求无度的苦命人。

杜甫给人写诗,"几时高议排金门,各使苍生有环堵",希望有人向皇帝献良策,好让黎民百姓都有房子住。

但是,没用。

代宗生日,许多节度使入朝祝寿。

也不知道杜甫高兴个什么劲儿,写了《承闻河北诸道节度入朝欢喜口号绝句十二首》。

一写就写十二首。

有一首是这样的:

> 喧喧道路好童谣,河北将军尽入朝。
> 自是乾坤王室正,却教江汉客魂销。

当时的时局是,李唐朝廷对各地节度使已没有了辖制能力,各地节度使拥兵自重,藩镇乱象已显。杜甫一向关心时局,对于这一点深为忧虑。他觉得节度使入朝给皇帝庆生,代表他们对于中央政权的拥护,代表国家不会分裂,代表大唐仍旧是姓李的大唐。

所以,他高兴。

节度使入朝怎么可能空手,他们带了好多的好东西献给代宗。

门下侍郎劝代宗不能收这些东西,因为这些都是取之于民的,最好用之于民,但是代宗却收下了。

这十二首诗里,有一首来了个反话正说:

> 英雄见事若通神,圣哲为心小一身。
> 燕赵休矜出佳丽,官闱不拟选才人。

他说,代宗并不看重享乐,也不会为了一己之私,扩充后宫。

——事情证明,全都反着来了。

第五节
百年多病独登台

  总的来说,杜甫在夔州度过了这一辈子为数不多的好生活,他在这里一气写了四百多首诗。

  他在回忆里轻裘肥马,在回忆里山川遨游,在回忆里和朋友谈笑风生……在杜甫的回忆中,国家不曾经历战乱,朋友也还在,自己尚且年轻。

往昔十四五,出游翰墨场。斯文崔魏徒,以我似班扬。
七龄思即壮,开口咏凤凰。九龄书大字,有作成一囊。
性豪业嗜酒,嫉恶怀刚肠。脱略小时辈,结交皆老苍。
饮酣视八极,俗物都茫茫。东下姑苏台,已具浮海航。
到今有遗恨,不得穷扶桑。王谢风流远,阖庐丘墓荒。
剑池石壁仄,长洲芰荷香。嵯峨阊门北,清庙映回塘。
每趋吴太伯,抚事泪浪浪。蒸鱼闻匕首,除道哂要章。
枕戈忆勾践,渡浙想秦皇。越女天下白,鉴湖五月凉。
剡溪蕴秀异,欲罢不能忘。归帆拂天姥,中岁贡旧乡。
气劘屈贾垒,目短曹刘墙。忤下考功第,独辞京尹堂。
放荡齐赵间,裘马颇清狂。春歌丛台上,冬猎青丘旁。
呼鹰皂枥林,逐兽云雪冈。射飞曾纵鞚,引臂落鹙鸧。
苏侯据鞍喜,忽如携葛强。快意八九年,西归到咸阳。

> 许与必词伯，赏游实贤王。曳裾置醴地，奏赋入明光。
> 天子废食召，群公会轩裳。脱身无所爱，痛饮信行藏。
> 黑貂不免敝，斑鬓兀称觞。杜曲晚耆旧，四郊多白杨。
> 坐深乡党敬，日觉死生忙。朱门任倾夺，赤族迭罹殃。
> 国马竭粟豆，官鸡输稻粱。举隅见烦费，引古惜兴亡。
> 河朔风尘起，岷山行幸长。两宫各警跸，万里遥相望。
> 崆峒杀气黑，少海旌旗黄。禹功亦命子，涿鹿亲戎行。
> 翠华拥英岳，螭虎啖豺狼。爪牙一不中，胡兵更陆梁。
> 大军载草草，凋瘵满膏肓。备员窃补衮，忧愤心飞扬。
> 上感九庙焚，下悯万民疮。斯时伏青蒲，廷争守御床。
> 君辱敢爱死，赫怒幸无伤。圣哲体仁恕，宇县复小康。
> 哭庙灰烬中，鼻酸朝未央。小臣议论绝，老病客殊方。
> 郁郁苦不展，羽翮困低昂。秋风动哀壑，碧蕙捐微芳。
> 之推避赏从，渔父濯沧浪。荣华敌勋业，岁暮有严霜。
> 吾观鸱夷子，才格出寻常。群凶逆未定，侧伫英俊翔。
>
> ——《壮游》

好长好长的一首诗。

从幼年学诗起，历数过往种种。

吴越之游，齐赵之游。奔赴凤翔，扈从还京，贬官以后，久客巴蜀……油灯昏黄，老病凋亡，笔底苍苍。

他又想起来了年轻时和高适、李白同游梁宋的情景，如今他们已经作古，只有他这一个老病翁做了水上漂：

> 昔者与高李，晚登单父台。

寒芜际碣石，万里风云来。

他又捋了一遍安史之乱以来发生的大事：

　　往在西京日，胡来满彤宫。
　　中宵焚九庙，云汉为之红。

他在长安多年，如今归去无望，只能在笔底下、诗行间想想：

　　宿昔青门里，蓬莱仗数移。
　　花娇迎杂树，龙喜出平池。
　　落日留王母，微风倚少儿。
　　宫中行乐秘，少有外人知。
　　　　　　——《宿昔》

　　秋意越来越浓，杜甫不止一次登上江边高台。天高地阔，风声正急，远处传来声声猿啼。江水清清，白沙浅浅，鸥鸟在水面上来来回回。落叶无边，萧萧而下，长江不尽，滚滚而来：

　　风急天高猿啸哀，渚清沙白鸟飞回。
　　无边落木萧萧下，不尽长江滚滚来。
　　万里悲秋常作客，百年多病独登台。
　　艰难苦恨繁霜鬓，潦倒新停浊酒杯。
　　　　　　——《登高》

明代胡应麟称此诗为"古今七律第一",它当之无愧。

他的病确实已经不允许他喝酒了。

这首诗写于大历二年(767)秋天,不久,杜甫的左耳就完全听不见了。

疟疾、肺病、风痹,如今又添了耳聋:

> 生年鹖冠子,叹世鹿皮翁。
> 眼复几时暗,耳从前月聋。
> 猿鸣秋泪缺,雀噪晚愁空。
> 黄落惊山树,呼儿问朔风。
>
> ——《耳聋》

他说,他就是那常年居住在深山里的鹖冠子,那时常叹息世道混乱的鹿皮翁。他不知道他的眼什么时候会瞎,不过他的耳朵已经开始变聋。猿啼既已无法听见,自然也就不会有悲秋的眼泪;听不见鸟雀聒噪,到晚来那种空寂着实让人忧愁。怎么突然看见黄叶纷纷离树呢?赶紧把儿子叫过来问问,外面是不是刮起了冷冷的朔风。

杜甫又在一套一套地写诗了。

他写了一套《八哀诗》,怀念八个人物:前辈张九龄、李邕,死去未久的名将王思礼、李光弼,朋友李琎、严武、郑虔、苏源明。

除了成套的诗作,他在零打碎敲的诗里,也零打碎敲地映照过去,比如他会想起灞上的春游,想起洛阳的土娄庄,想起壮年游猎,想起游吴越时登过西陵的古驿楼。

开元天宝时代的艺人有不少流落到了山南，杜甫在夔州长史元持的家里看到了临颍李十二娘的剑器舞。

李十二娘自言是公孙大娘的弟子，杜甫一下子就想起年少时看过公孙大娘跳剑器浑脱舞的情景：

大历二年十月十九日，夔府别驾元持宅，见临颍李十二娘舞剑器，壮其蔚跂，问其所师，曰："余公孙大娘弟子也。"开元五载，余尚童稚，记于郾城观公孙氏，舞剑器浑脱，浏漓顿挫，独出冠时，自高头宜春梨园二伎坊内人洎外供奉，晓是舞者，圣文神武皇帝初，公孙一人而已。玉貌锦衣，况余白首，今兹弟子，亦匪盛颜。既辨其由来，知波澜莫二，抚事慷慨，聊为《剑器行》。昔者吴人张旭，善草书书帖，数常于邺县见公孙大娘舞西河剑器，自此草书长进，豪荡感激，即公孙可知矣。

昔有佳人公孙氏，一舞剑器动四方。
观者如山色沮丧，天地为之久低昂。
㸌如羿射九日落，矫如群帝骖龙翔。
来如雷霆收震怒，罢如江海凝清光。
绛唇珠袖两寂寞，晚有弟子传芬芳。
临颍美人在白帝，妙舞此曲神扬扬。
与余问答既有以，感时抚事增惋伤。
先帝侍女八千人，公孙剑器初第一。
五十年间似反掌，风尘澒洞昏王室。

梨园弟子散如烟，女乐余姿映寒日。
金粟堆南木已拱，瞿唐石城草萧瑟。
玳筵急管曲复终，乐极哀来月东出。
老夫不知其所往，足茧荒山转愁疾。
——《观公孙大娘弟子舞剑器行》

杜甫沉浸在回忆里，有点出不来了。

就在这一年，弟弟杜观先到了荆州，然后到夔州与杜甫会面，又去了蓝田结婚，婚后又回到荆州。

杜观在荆州附近的当阳给杜甫写信，劝他出峡，而且写了不止一封。

荆州目下是繁荣的——安史之乱逼得关中百姓逃难，大批逃到西蜀；洛阳和邓州、襄州一带的百姓选择投奔江湘，人多了，带的财货也多，造就了荆州的繁荣。

荆州往北可以经过襄阳到洛阳、长安，往南可以到达潭州、桂林、广州，从吴地到蜀地，要出峡入峡，这里更是必经之路。

所以，荆州一跃成为和西京长安、东京洛阳几乎并肩的南都。

杜甫心里活动了。

第十章 断魂

第一节
病鹘孤飞俗眼丑

夔州的生活挺安稳,但杜甫选择打破安稳。他想,此地地气湿,不适合他调养。而且这里少朋友,也少亲人。

所以,杜甫决定出峡了。

大历三年(768)早春,春节过后不久,杜甫就放舟白帝城,出瞿塘峡,经三峡,离开夔州,奔赴江陵。

在船上时杜甫还想着,到了江陵后要参观天皇寺。那里很有名气,因为那里有王羲之的笔迹,还有张僧繇画的孔丘及其弟子的画像。

杜甫想在荆州待一阵,然后再考虑是回长安,还是东下。

长安,恐怕是回不去了。杜甫二月份——一说是三月份——刚到荆州时,长安的路就断了——商州兵马使刘洽杀死防御使殷仲卿,叛唐。

八月时,吐蕃进攻凤翔,长安又被盯上了。

至于江东,杜甫青年时代曾漫游过江东,对那儿的印象很好,所以在夔州时他就托一个往扬州去的胡商打听淮南米价,显然有东去的打算。

此时的荆南使是卫伯玉,封阳城郡王,得朝廷的信任与重用。杜甫在夔州的时候就给卫伯玉写过颂诗。

杜甫的从弟杜位在节度使署里任行军司马,他是李林甫的女婿,被牵连,流放到南方;后来,他和杜甫又一起在严武的幕下工作。

杜甫老友郑虔的弟弟郑审时任江陵少尹。

杜甫觉得，这些人都是可以依靠的，所以，就在荆州住下也不错。

不过，也不知道怎么回事，在杜甫的诗里再也没有出现过杜观的名字了——是杜观叫杜甫来的荆州。

而杜位和郑审好像也没怎么给过他帮助。

杜甫又陷入了生活无着的境地。

一家人连饭都吃不上了。杜甫的儿子杜宗文给叔叔杜观写信，诉说窘况，可是杜观消失了。

杜甫拄着拐杖，一步步地挪去拜访别人，连门童看了他都觉得生厌，让他等着：

羁旅知交态，淹留见俗情。
衰颜聊自哂，小吏最相轻。

他等啊等啊，等得没奈何，只好拄着拐杖一步一挪地再回来。

这就是他过的日子：

苦摇求食尾，常曝报恩鳃。
结舌防谗柄，探肠有祸胎。
苍茫步兵哭，展转仲宣哀。
饥藉家家米，愁征处处杯。

杜甫在夔州的时候，就一直向往荆州，在诗里写"曾闻宋玉宅，每欲到荆州",又写"闻说江陵府,云沙静眇然。白鱼如切玉,朱橘不论钱。水有远湖树,人今何处船?青山若在眼,却望峡中天"。

可是荆州对他并不友好。

没办法,他又要走了。

晚秋时节,杜甫离开荆州,迁到江陵以南的公安县。临行时还给郑审写了一首诗话别:

> 更欲投何处,飘然去此都。
> 形骸元土木,舟楫复江湖。
> 社稷缠妖气,干戈送老儒。
> 百年同弃物,万国尽穷途。
> ……

——《舟出江陵南浦,奉寄郑少尹(审)》

就是在公安吧,杜甫写过一首《呀鹘行》:

> 病鹘孤飞俗眼丑,每夜江边宿衰柳。
> 清秋落日已侧身,过雁归鸦错回首。
> 紧脑雄姿迷所向,疏翮稀毛不可状。
> 强神迷复皂雕前,俊才早在苍鹰上。
> 风涛飒飒寒山阴,熊罴欲蛰龙蛇深。
> 念尔此时有一掷,失声溅血非其心。

有一只孤飞的病鹘,在世人眼中,它是那么丑,每晚歇在江边的衰柳上。

秋天来了,太阳落了,天冷了,它在树上侧着身子躲着寒风,可是路过的大雁和归巢的乌鸦还是怕它,边飞边回头。

它缩着脖子,哪里还有过去的雄姿?羽毛稀稀拉拉,没有形状。强打精神也打不过皂雕,想当初它可是比苍鹰还要英勇。

江风如涛,飒飒而起,寒山阴沉,熊罴即将冬眠,龙蛇早已蛰伏。照理说病鹘此时该奋力一飞冲天,如今却病得不能唳鸣,伤口流血。

杜甫觉得自己是这只病鹘,能够蜷在一树衰柳上歇歇,事实上,他不行。

不久,公安县发生叛乱。

杜甫又动身前往岳州。

第二节
一样的孤独

冬末清晨,一家人再次上船。行船所见,是一个个空空的乡村,走动着觅食的豺虎。

杜甫想要一路所见皆是蚕谷,这样的日子才叫日子,这样的民生才叫民生:

> 天下郡国向万城,无有一城无甲兵。
> 焉得铸甲作农器,一寸荒田牛得耕。
> 牛尽耕,蚕亦成。
> 不劳烈士泪滂沱,男谷女丝行复歌。
> ——《蚕谷行》

天下各地万座城池,没有一座没有甲胄兵器。

为什么不能把甲胄兵器铸作农具,让每寸土地都能得到耕种?

耕牛尽其用,蚕桑也有成,再也不需要战士们洒泪疆场。男耕女织,一边走,一边唱歌。

又是一年腊月尽,杜甫泊舟岳州城下,登上岳阳楼,凭栏远眺,乾坤浮在眼前,他的泪下来了:

> 昔闻洞庭水,今上岳阳楼。

吴楚东南坼，乾坤日夜浮。
亲朋无一字，老病有孤舟。
戎马关山北，凭轩涕泗流。
——《登岳阳楼》

他是真的难过。写信的时间还是有的，寄信的邮路还是通的，但是他的亲人似乎把他忘了。

他又老又病，只有这一只小船了。

饶是如此，他还惦念着战火不息的国家。他的眼泪，有几分是为他自己流的，又有几分是为他的大唐流的？

前人称此诗为盛唐五律第一，它当得。

杜甫耳聋眼花全身病，仍看得见百姓苦：

岁云暮矣多北风，潇湘洞庭白雪中。
渔父天寒网罟冻，莫徭射雁鸣桑弓。
去年米贵阙军食，今年米贱大伤农。
高马达官厌酒肉，此辈杼轴茅茨空。
楚人重鱼不重鸟，汝休枉杀南飞鸿。
况闻处处鬻男女，割慈忍爱还租庸。
往日用钱捉私铸，今许铅锡和青铜。
刻泥为之最易得，好恶不合长相蒙。
万国城头吹画角，此曲哀怨何时终？
——《岁晏行》

在岳阳过了春节,大历四年(769)正月,杜甫又出发了。

由洞庭入湘水,继续南征:

老病南征日,君恩北望心。

百年歌自苦,未见有知音。

他不想南征啊,他想北归。

他想回老家。

杜甫是要从岳州乘船经过潭州到衡州。杜甫之所以到衡州,是想投奔衡州刺史韦之晋。他们认识好久了——开元十八年(730)在郾瑕时结识。

一路上,经过许多险滩。他在诗里写篙工:"篙工密逞巧,气若酣杯酒。"写舟子:"舟子废寝食,飘风争所操。"写江边百姓:"石间采蕨女,鬻市输官曹,丈夫死百役,暮返空村号。"他还写了一首神异的小短诗,血色透字来:

客从南溟来,遗我泉客珠。

珠中有隐字,欲辨不成书。

缄之箧笥久,以俟公家须。

开视化为血,哀今征敛无。

——《客从》

有客从南海来,送我一颗珍珠。珍珠里隐约有字,想辨认又辨认不出。把它藏在箱子里好久,打算用以缴纳公家的税赋。结果打开箱子一看,珍珠化成了血。唉,现在没有什么可以拿来应付官家的征敛了。

三月时，一家人到了潭州。杜甫下船游览了岳麓、道林两座寺庙。在这里待了几天后，继续溯湘水而上。

杜甫拖着病残的身体，经受着水上的风寒，越走，越像屈原。

他们的身影有了奇怪的重叠。

一样的瘦削，一样的疲惫，一样的无奈，一样的哀苦，一样的壮志难酬，一样的众人皆醉而我独醒。

一样的伟大。

一样的孤独。

第三节
落花时节又逢君

到了衡州，杜甫很高兴，老朋友韦之晋如今做衡州刺史呢。

行至长沙南面的花石戍，杜甫停船上岸，想看看朋友治下的地盘。

结果所见和别处并无不同，村落荒芜少人烟，百姓受不了沉重的税赋，都逃走了。村里没人，泉水还汩汩地流着。柴门朽了，做农活的工具还能用，只不过少了用它们的人。

其实杜甫走到半路的时候，韦之晋就改任潭州刺史了。他到了衡州，正赶上送别韦之晋。

没有了依靠，杜甫甚至没办法离开船，住店是要钱的。

没办法，继续走。

从此就以船为家了。

谁承想韦之晋刚到潭州，四月就去世了。

于是，为了送老友最后一程，杜甫又回了潭州。为了生活，向崔涣、卢十四两个侍御求助。

杜甫的舅舅也在潭州，所以杜甫一家人虽然穷苦，倒也不至于冻亡饿亡。

不过，也不能总要人家钱。

没办法，杜甫拖着残病的身子在鱼市上摆药摊，赚铜板。

在潭州，杜甫结识了一个叫苏涣的人。苏涣给他读自己作的诗，杜甫觉得好,说苏涣的诗超过黄初(三国魏文帝年号)时代的诗人。

史书上关于苏涣的记载并不多,据说他少年时做过"强盗",会功夫,善用白弩,人称"弩跖"。后来他歧途知返,读书及第,被潭州刺史崔瓘请去做了府中的从事。臧玠之乱兴起的时候,苏涣流亡交广,大历八年(773)劝循州刺史哥舒晃在岭南起事,失败后被杀。

基本上,苏涣算是一个游侠式的人物。他在广州写过三首《变律》——本来是十九首,存下来的只有三首。

《变律》里有这样的句子:

一女不得织,万夫受其寒;
一夫不得意,四海行路难。

就在潭州湘江的船上,杜甫度过了他生命中的最后一个新年。

不能放爆竹,不能贴春联,不能上街,不能穿新衣裳,既病且残,所以他东写西写,并不怎么写到新年。

清明时节,天气暖和起来,水面波光荡漾,鱼儿啄得水面涟漪一圈又一圈。他和苏涣还有儿子一起泛舟湖上,还有兴致打趣他自己的老花眼:

春水船如天上坐,老年花似雾中看。

他还是想他的家国故乡:

云白山青万余里,愁看直北是长安。

冬天,韦之晋的灵柩由卢侍御护送归京。卢侍御是杜甫的祖母卢氏的娘家人,杜甫作诗给他,勉励他:"刺规多谏诤,端拱自光辉。"

他在给途经潭州前往道州任刺史的裴虬的赠诗中,叮嘱他到任后"上请减兵甲,下请安井田"。

在给裴虬的答诗中,又叮嘱人家:"致君尧舜付公等,早据要路思捐躯。"

人微莫劝人,可惜杜甫不懂。

让杜甫倍感意外的是,他在潭州遇到了李龟年——开元天宝时代的著名音乐家。770 年初听李龟年唱歌时,杜甫才十四五岁呀!

那个时候,大家都过得很开心,平平稳稳,太阳今天落下,明天准会升起。饭吃了这顿,准还有下顿。

> 岐王宅里寻常见,崔九堂前几度闻。
> 正是江南好风景,落花时节又逢君。
> ——《江南逢李龟年》

不写苦,不写愁,单纯地写实。

中间却隔着血与火,生与死,豪华与破落。

平淡叙述之下的对比,是鲜花与腐土作一盘奉上的触目惊心。

第四节

断炊

大历五年（770）四月，夜。

潭州城的静谧被人喊马嘶打破，火熊熊地烧起来了，兵器相撞的铿锵声传得很远。

好多人从家里急奔而出，解开湾在水边的小船，携妻抱子，忙忙地逃奔。

杜甫和家人基本就生活在船上，苏涣跑来，跟他说：快快，快走！

就这样，以一种非常突然的方式，杜甫离开了潭州。

一路走一路听到许多的传言，这才大致拼凑出惊魂一夜的经过，原来是湖南兵马使臧玠杀了潭州刺史崔瓘，据城作乱。

杜甫去年到过衡州，如今，他又来了。

> 五十白头翁，南北逃世难。
> 疏布缠枯骨，奔走苦不暖。
> 已衰病方入，四海一涂炭。
> 乾坤万里内，莫见容身畔。
> 妻孥复随我，回首共悲叹。
> 故国莽丘墟，邻里各分散。
> 归路从此迷，涕尽湘江岸。
>
> ——《逃难》

我的头发都白了，我想避世，可是世外桃源在哪儿呢？我往南走，我往北奔，哪里都无处可安身。

破衣烂衫缠着我这一身枯骨，我左奔右突仍觉得浑身发冷。

因为老了，疾病大肆入侵。四海之内，到处都是被涂炭的生灵。

乾坤广大，却无处容我这渺小的一身。

老婆孩子跟着我，回首看战火燃烧处，一起悲哀长叹。

我的故国啊，它一定生满了榛莽；我那些曾经亲切的四邻，肯定也像飞蓬一样四散。

我的归路彻底迷失了，我哭啊，眼泪流在了湘江之岸。

杜甫到了衡州，受到了刺史杨济的款待，他还不忘向杨济推荐苏涣，说他是剧孟、白起一流的人物。杨济没当回事，也没用他。

杜甫的舅舅崔伟在郴州任录事参军，所以杜甫想要南下郴州，投奔舅舅。

就这样，他在衡州溯着郴水入了耒阳县境内，夏季暴雨致江水猛涨，船身破烂，随时有解体和翻船的可能。杜甫只好把船停在方田驿，这里距耒阳县还有四十多里。

大约在出发前给耒阳县的聂县令写过信，如今聂县令想起来，便派人到江边来寻。如果杜甫的船只在岸边停留，就把这些酒肉送过去，免得他们断炊。

事实上，杜甫一家已经断炊五天了，一说断炊旬日——旬日一般指十天。如果断炊十天，怕是早饿死了吧。

一家人饿红了眼，看到酒肉，抓起来就吃。杜甫浑身又湿又冷又痛，赶紧猛灌几口酒暖了暖身子。

一直吃到肚皮滚圆，他们才罢休，如今雨不那么十分恼人了，他们也有精力讨论接下来该何去何从了。

如果继续去往郴州，是逆水而行。洪水未消，水况难明，如果翻了船，一家人都要喂鱼虾。所以，为安全计，杜甫一家顺流又折回了潭州。

杜甫写了一首给聂县令的谢诗，但是交不到他的手上。水落之后，聂县令又派人去寻杜甫，未见其踪影，觉得他必是在涨水时淹死了，就在耒阳县北给杜甫立了一座空坟。

于是就有人说这里埋着一个撑死的人——这个人饿了好些天，结果吃了聂县令给他的白酒牛肉，活活把自己撑死了。

第五节
魂断湘江

杜甫回家的心不死。

转眼又到了冬天，湿冷的水气钻进杜甫的骨缝、肺腑，让他咳咳喘喘，无比艰难。

他觉得，自己的大限要来了。

他的手哆哆嗦嗦的，拿不稳笔，但仍勉力写下一首长诗，送给湖南的亲友们：

> 轩辕休制律，虞舜罢弹琴。尚错雄鸣管，犹伤半死心。
> 圣贤名古邈，羁旅病年侵。舟泊常依震，湖平早见参。
> 如闻马融笛，若倚仲宣襟。故国悲寒望，群云惨岁阴。
> 水乡霾白屋，枫岸叠青岑。郁郁冬炎瘴，蒙蒙雨滞淫。
> 鼓迎非祭鬼，弹落似鸮禽。兴尽才无闷，愁来遽不禁。
> 生涯相汩没，时物自萧森。疑惑樽中弩，淹留冠上簪。
> 牵裾惊魏帝，投阁为刘歆。狂走终奚适，微才谢所钦。
> 吾安藜不糁，汝贵玉为琛。乌几重重缚，鹑衣寸寸针。
> 哀伤同庾信，述作异陈琳。十暑岷山葛，三霜楚户砧。
> 叨陪锦帐座，久放白头吟。反朴时难遇，忘机陆易沉。
> 应过数粒食，得近四知金。春草封归恨，源花费独寻。

转蓬忧悄悄，行药病涔涔。瘗夭追潘岳，持危觅邓林。
蹉跎翻学步，感激在知音。却假苏张舌，高夸周宋镡。
纳流迷浩汗，峻址得欹嵌。城府开清旭，松筠起碧浔。
披颜争倩倩，逸足竞駸駸。朗鉴存愚直，皇天实照临。
公孙仍恃险，侯景未生擒。书信中原阔，干戈北斗深。
畏人千里井，问俗九州箴。战血流依旧，军声动至今。
葛洪尸定解，许靖力还任。家事丹砂诀，无成涕作霖。

——《风疾舟中伏枕书怀三十六韵奉呈湖南亲友》

轩辕也别制律了，虞舜也别弹琴了。我错将雄管当作雌管吹，伤了自己这颗已经半死的心。

圣贤的名声古老又邈远，我羁旅的病情年年更深重。船儿常停东北的震方，湖平早就能见到报晓的参星。

我好像听见了马融的笛声，好像倚靠在王粲的胸膛。我心生悲凉，因为寒空遥望，故国难回，群云惨淡，岁暮越发阴沉。

水乡白屋被雾气遮没，堤岸枫叶青山堆叠。冬天里炎瘴郁积不散，蒙蒙细雨总是下个不停。

鼓声咚咚，报道迎神歌舞刚开场；弹弓一落，好像打下了猫头鹰。看了个尽兴才算散了烦闷，猛一下心头又愁思难禁。

想想这一生，就像时下萧条的景色。

辛毗牵裾惊魏帝，扬子云投阁是为了刘歆。我这么发狂地到处奔走，到底是想去哪里呀？缺乏才能敬谢诸公钦敬。

我安于喝那不加糁子的野菜羹，乌皮几案被绳缠索绑，穿的百结鹑衣上补丁摞补丁。

我的哀伤如同庾信,不草书檄这一点和陈琳不同。十个暑天穿的都是岷山的葛衣,秋霜三度听的都是楚户的砧声。

我也曾叨陪在锦帐的末座,如今白身许久长长悲吟。返璞归真的事情在现世并不常见,若能做到忘机便陆易沉。

离不了几粒活命的粮食,厚着脸皮接受诸公的馈赠。萋萋春草封起了我思归的愁恨,想找桃花源可是费了老大的劲。

像片转蓬般怀着忧心飘零,吃下药去,我的病体汗涔涔。像潘岳一样悲痛地掩埋了早殇的幼儿,世路艰辛,为了找到夸父的手杖,我想去往邓林。

我邯郸学步,蹉跎一生,感激诸公体谅。你们借来苏秦、张仪的口舌,夸赞我是天子剑上的周宋之镡。

纳入众流方能浩瀚无涯,高地之上耸立着高峻的山峰。城府的大门开在清晨的朝阳之下,苍松翠竹掩映着碧水清清。

人们都绽放美丽的笑脸,骑着骎骎的快马轻快地投奔诸公。你们自具慧眼能包容我这愚直之人,皇天后土照得见我感激的赤诚。

仿佛仍有公孙述在恃险起事,当今的侯景还未被生擒。中原阔别已久,没有书信相通,战争年深岁久,仍旧未停。

畏惧千里客居的井水,九州所到随俗问禁。战争的鲜血依旧长流,军中的声音至今仍鸣。

葛洪必定要尸解了,像许靖那样远去交州,已非我能胜任;虽有丹砂诀,但因炼不成而涕泪如霖。

这首长诗,用典极多,现代人读起来可能有些难懂,但是沉郁的气息透纸而来,让人胸中悲凉顿生。

他想一展长才,结果被"野无遗贤"了。

他想忠君报国，结果被下放清算了。

他想长留故乡，结果被战火赶跑了。

他想在他乡安居乐业，结果被穷到处追赶。

他想回家，可是家在遥远的北方，他已经老得到不了了。

他这一辈子，就是用一块块"未竟之志"铺起来的小路，路上榛莽丛生，虎豹横行，风起云涌。

他的眼前黑一阵明一阵，他觉得浑身都在疼。

死到临头，他想体面一点，可是无力的手指拉扯一下衣襟，却把原本破损的衣襟又扯出一个洞。

儿子端来药让他吃下，可是他的肠胃已经不能蠕动，甫一吃下，汗水涔涔。

而汗愈出，他的身子愈冷。

在家人的环护下，他永远闭上了眼睛。

此时是代宗大历五年（770）的冬天，杜甫死在了湘江上的一条破船上。

结　语　三朝之事，诗圣一生

杜甫死后，杨氏变卖衣物，勉强买了一副薄棺，装殓了他，厝在了岳州。

四十三年后，元和八年（813），宗武的儿子、杜甫的孙子杜嗣业费了好大的劲，一路乞讨，扶柩千里，才把杜甫移葬首阳山，挨着杜审言安葬。

杜甫算是杜氏家族里面，混得最惨而死后声望最高的。

诗人元稹正好遇到杜嗣业搬移杜甫灵柩，于是写了一篇墓志铭：

> ……至于子美，盖所谓上薄风骚、下该沈宋、言夺苏李、气吞曹刘、掩颜谢之孤高、杂徐庾之流丽，尽得古今之体势，而兼人人之所独专矣。使仲尼考锻其旨要，尚不知贵，其多乎哉！苟以为能所不能，无可无不可，则诗人以来，未有如子美者。是时山东人李白，亦以奇文取称，时人谓之"李杜"。余观其壮浪纵恣、摆去拘束、模写物象及乐府歌诗，诚亦差肩于子美矣。至若铺陈始终，排比声韵，大或千言，次犹数百，辞气豪迈而风调清深，属对律切而脱弃凡近，则李尚不能历其藩翰，况堂奥乎！

反正就是无人及得上杜甫的伟大，李白也比不上。

白居易也力挺元稹：

李之作,才矣奇矣,人不逮矣,索其风雅比兴,十无一焉。杜诗最多,可传者千余篇。至于贯穿古今,觇缕格律,尽工尽善,又过于李,然撮其《新安吏》《石壕吏》《潼关吏》《塞芦子》《留花门》之章,"朱门酒肉臭,路有冻死骨"之句,亦不过十三四。杜尚如此,况不逮杜者乎?

王安石也站杜甫,他编杜、欧阳、韩、李四家诗,以杜为第一,李为第四:

白之歌诗,豪放飘逸,人固莫及;然其格止于此而已,不知变也。至于甫,则悲欢穷泰,发敛抑扬,疾徐纵横,无施不可,故其诗有平淡简易者,有绮丽精确者,有严重威武若三军之帅者,有奋迅驰骤若泛驾之马者,有淡泊闲静若山谷隐士者,有风流蕴藉若贵介公子者。盖其诗绪密而思深,观者苟不能臻其阃奥,未易识其妙处,夫岂浅近者所能窥哉?此甫所以光掩前人,而后来无继也。元稹以谓兼人所独专,斯言信矣。

苏东坡也站杜甫:

诗至于杜子美、文至于韩退之、书至于颜鲁公、画至于吴道子,而古今之变,天下之能事毕矣。

杜甫走过了别人几辈子才能走过的生命长度,又堆叠了别人几辈子才能堆叠起的生命厚度。

他眼看着盛世如何衰朽,江山怎样崩塌,和平怎样被战争取代,生命怎样被死神的镰刀收割。

他看见了血流成河,体会了人离乡贱,知道了失意人逢失意事,新啼痕兼旧啼痕。

他奔波,他劳苦,他作诗,他卖药,他巴结别人,他被别人嫌弃。他觉得世人苦,世人觉得他不值。

除非我们真的能够走进他的世界,否则我们不能懂得他的世界。

所以杜甫的人气不如李白高,因为李白飘飘欲仙,而杜甫活得太沉重。没有人愿意沉重。

他像是大唐王朝孕育出来的民间诗史官,就那么莫名其妙地背负起了书写现实的使命,走一步写一步,步步是诗。

子美之诗,三朝之事墨浸透。

仇兆鳌终生以研究杜诗为己任,著有《杜诗详注》。他说:

秦少游则推为孔子大成,郑尚明则推为周公制作,黄鲁直则推为诗中之史,罗景纶则推为诗中之经,杨诚斋则推为诗中之圣,王元美则推为诗中之神,诸家无不崇奉师法。

其实不必。

他们完全可以双峰并立。

杜甫立足于客观事实,李白的思绪则飘到天外。现实主义和浪漫主义都是人的生活所需,只有现实,容易活得沉重;只有浪漫,容易活得飘忽。既立足于现实,又能够在精神世界保有一定的浪漫主义,活得才算有意思。

就连杜甫也写过"漫卷诗书喜欲狂"的诗句,谁说他不喜欢浪漫?他只是被生活和现实的重担压弯了腰。

就连李白也写过现实的作品,他不是不喜欢现实,他只是想在现实的泥土中挖一个小孔来呼吸。

一部《全唐诗》,抽了李白,就没了仙气,显得重浊;抽了杜甫,就没了地基,诗的王国就塌了。他们两个结合起来,一个天盖,一个地载,方是诗歌王国最理想的格局。

附　录　杜甫大事记

玄宗先天元年（712）

生于河南巩县。

唐玄宗李隆基继位。

开元六年（718）

写了平生第一首诗，题咏的是凤凰。"七龄思即壮，开口咏凤凰。"

开元八年（720）

始习大字。"九龄书大字，有作成一囊。"

开元十四年（726）

十四五岁时，出入上流社会，以诗文结交名流。"往昔十四五，出游翰墨场。斯文崔魏徒，以我似班扬。"

开元十八年（730）

北渡黄河，到了郇瑕（山西猗氏）。

开元十九年（731）

游吴越。

开元二十三年（735）

自吴越归东都参加进士考试，不第。

同年或是次年起，游历齐赵。

开元二十九年（741）

由齐赵回到洛阳，在首阳山下的尸乡亭附近筑室安家，同年娶妻杨氏。

天宝元年（742）

姑母去世，杜甫为姑母作千言墓志铭。

天宝三载（744）

与李白在洛阳相遇，同年秋，二人相约同游梁宋，又在梁宋遇到高适，三人同游。

天宝四载（745）

高适南游楚地。

与李白继续结伴游历，后在曲阜的石门前分别。

天宝五载（746）

来到长安待选。

天宝六载（747）

与所有的应试考生一样，因"野无遗贤"的理由落选。此后滞留长安，过起游食投诗的日子。

天宝七载至天宝八载（748—749）

在长安生存艰难，回洛阳住了一阵。

天宝九载（750）

回到长安。

长子宗文出生。

天宝十载（751）

进《大礼赋》三篇，玄宗奇之，命其待制集贤院。

天宝十一载（752）

李林甫病逝，杨国忠接任宰相。哥舒翰入朝，高适也跟着来了长安。

与岑参、高适、薛据、储光羲等诗人文人同登慈恩寺塔。

天宝十二载（753）

次子宗武出生。

天宝十三载（754）

将家眷接到长安一起居住。

进献《封西岳赋》和《雕赋》。

秋，长安六十多天阴雨连绵，房屋倒塌，禾稼遭灾，将妻子和孩子送往杨氏在奉先的亲族照应。

天宝十四载（755）
在长安。
岁中，往白水县，省舅氏崔十九翁。
十月，被授河西县尉，拒绝；改任右卫率府胄曹参军。
十一月初八，安禄山反。
起程去奉先探亲，幼子被饿死。

天宝十五载（756）
正月初一，安禄山于洛阳称帝，国号大燕。
杜甫带着家眷逃亡到羌村，躲避战乱。
七月十三日，太子李亨在宁夏的灵武称帝，是为唐肃宗，遥尊玄宗为太上皇，改年号为至德。
杜甫只身投奔灵武不成，被胡人抓住，送到长安看管。

至德二载（757）
正月，安禄山被他的儿子安庆绪杀掉，安庆绪在洛阳称帝。
二月，肃宗迁都凤翔。
四月，杜甫逃出长安，直奔凤翔。
五月十六日，见到肃宗，授官左拾遗。房琯兵败论罪，杜甫力保，肃宗怒，诏三司推问。后仍放就列。
闰八月初一，杜甫回羌村省亲。

九月，官军收复长安。

十月，官军收复洛阳。

十二月，玄宗和肃宗回到长安。

杜甫也起程，带家人一起回京，仍做左拾遗。

乾元元年（758）

受房琯一案牵连，遭贬，被任命为华州司功参军。

冬末，回洛阳。

乾元二年（759）

回华州，因途中所见，写下"三吏""三别"。

秋，辞官不做，带着一家人奔赴秦州。

十月，带着一家人从秦州奔赴同谷。

十二月，带着一家人奔赴成都。

腊月末，抵达成都。

上元元年（760）

盖浣花草堂。

高适由彭州刺史改任蜀州刺史，杜甫曾去看望他。

上元二年（761）

三月，史思明之子史朝义杀史思明，即皇帝位，改元显圣。

四月，梓州刺史段子璋赶走绵州的东川节度使李奂，自称梁王，改元黄龙，以绵州为黄龙府。

五月，成都尹崔光远率西川牙将花敬定攻克绵州，斩段子璋。

十二月，严武被任命为成都尹，兼剑南两川节度使。严武还没到成都的时候，高适暂代成都尹。

宝应元年（762）

玄宗驾崩，紧接着肃宗也驾崩，太子李豫登基，即唐代宗。

李白死。

七月，代宗召严武入朝，杜甫一路送行到绵州。严武刚走，成都少尹兼御史徐知道乘虚造反，蜀中大乱。

秋，杜甫回不去成都，入了梓州，此后流浪在梓州、阆州一带。

秋末，回成都迎家人至梓州。

十月，代宗的长子李适为兵马大元帅，仰仗回纥的兵力，收复了洛阳。

广德元年（763）

二月，史思明的儿子史朝义吊死，安史之乱结束。

四月，被贬官的房琯被任命为特进刑部尚书，八月病逝在进京就职的路上。

九月，到阆州祭房琯。得家书，知女病，因急归梓。

十月，吐蕃占领长安。

广德二年（764）

三月，带着家人到阆州，打算做吴楚之游。会朝廷召补京兆功曹，以行程既定，不赴召。

朝廷再命严武为成都尹、剑南节度使，第三次入蜀，邀请杜甫去成都。

杜甫带着妻子回到成都，入严武幕府。

春,长安被收复。

永泰元年(765)
暮春,一说正月初三,杜甫辞职,重回草堂。
四月,严武病逝。
五月,买舟东下,因病停滞夔州以西的云安县。

大历元年(766)
杜甫病愈,到了夔州。

大历二年(767)
十月十九日,在夔州长史元持的家里看到临颍李十二娘的剑器舞,她自言是公孙大娘的弟子,杜甫作《观公孙大娘弟子舞剑器行》。

大历三年(768)
早春,还没出正月,杜甫放舟白帝城,出瞿塘峡,经三峡,离开夔州,奔赴江陵,投奔弟弟杜观。
二月,一说是三月,到荆州,生活无着。
晚秋,离开荆州,迁到了江陵以南的公安县。不久,公安县发生叛乱。
前去岳州。

大历四年(769)
正月,由洞庭入湘水,继续南征。
三月,到潭州。

数日后，继续溯湘水而上，一路往南，到了衡州，投奔老友衡州刺史韦之晋。

到衡州后，韦之晋马上要出发任潭州刺史，杜甫为其送别。

四月，韦之晋在潭州去世，回潭州祭奠。

大历五年（770）

暮春，在潭州偶遇李龟年。

四月，湖南兵马使臧玠杀潭州刺史崔瓘，据城作乱。杜甫和家人逃出潭州，又来到衡州。

杜甫的舅舅崔伟在郴州任录事参军，杜甫想去投奔舅舅，溯郴水入耒阳县境，正逢发水，无法上岸，一家人断炊五天。

冬，北归无望，死在了湘江上的一条破船上。

元和八年（813）

杜甫的孙子杜嗣业扶柩千里，把杜甫移葬首阳山下，与妻子杨氏合葬。